MARCO ● POLO
CHALKIDIKI

*Sechs Symbole sollen Ihnen
die Orientierung in diesem Führer erleichtern:*

für Marco Polo Tips – die besten in jeder Kategorie

für alle Objekte, bei denen Sie auch eine schöne Aussicht haben

für Plätze, wo Sie bestimmt viele Einheimische treffen

für Treffpunkte für junge Leute

(A 1)
Koordinaten für die Übersichtskarte und den Stadtplan
(O) *außerhalb des Kartenbereiches*

*Die Marco Polo Route in der Karte verbindet
die schönsten Punkte der Chalkidiki zu einer Idealtour.*

*Diesen Führer schrieb der Reisejournalist Alfred Janssen.
Eines seiner Spezialgebiete ist Griechenland.*

*Die Marco Polo Reihe wird herausgegeben
von Ferdinand Ranft.*

MAIRS GEOGRAPHISCHER VERLAG

MARCO ⊕ POLO

Für Ihre nächste Reise gibt es folgende Titel dieser Reihe:

Die Marco Polo Redaktion freut sich, wenn Sie ihr schreiben:
Marco Polo Redaktion, Mairs Geographischer Verlag
Postfach 31 51, D-73751 Ostfildern

Unsere Autoren haben nach bestem Wissen recherchiert. Trotzdem schleichen sich manchmal Fehler ein, für die der Verlag keine Haftung übernehmen kann.

Titelbild: Sithonia, zwischen Vourvourou und Sarti (Ihlow)
Fotos: Amberg: Rieder (13); Hackenberg (7, 22, 30, 42, 54, 65, 67, 70, 73, 76, 79, 85, 86);
Ihlow (Anreise, 10, 16, 18, 32, 35, 39, 40, 45, 46, 50, 52, 56, 59); G. Jung (4, 28); R. Jung (24);
Kallabis (60); Mauritius: Thonig (82); Santor (15)

1. Auflage 1997 © Mairs Geographischer Verlag, Ostfildern
Gestaltung: Thienhaus/Wippermann (Büro Hamburg)
Kartographie: Mairs Geographischer Verlag
Sprachführer: in Zusammenarbeit mit dem Ernst Klett Verlag für Wissen und Bildung GmbH,
Redaktion PONS Wörterbücher

Printed in Germany
Gedruckt auf 100% chlorfrei gebleichtem Papier

INHALT

Entdecken Sie die Chalkidikí!

Wo die einen beten und die anderen baden

Auf der Chalkidikí fühlen sich äußerst unterschiedliche Menschen dem Paradies ganz nah. Die einen leben in Klöstern und entsagen der Welt; die anderen genießen sie an sonnigen Stränden, die für sie fast schon der Himmel auf Erden sind.

Keine andere Region auf dem griechischen Festland wird von so vielen ausländischen Badeurlaubern besucht wie die Chalkidikí. Und das zu Recht. Nirgends sonst reihen sich schöne Sandstrände so dicht aneinander wie hier, nirgends ist die Auswahl zwischen ganz unterschiedlichen Buchten und Bademöglichkeiten so groß. Wer Einsamkeit sucht, sieht seinen Wunsch ebenso erfüllt wie der, der Trubel mag oder Wassersportmöglichkeiten schätzt. Das Wasser ist fast überall vorbildlich sauber.

Zugleich ist die Chalkidikí auch eine der grünsten und waldreichsten Landschaften in Hellas. Außer auf dem Berg Athos blieb sie bisher von größeren Waldbränden, einer Geißel Griechenlands, verschont. Verkehrsmäßig wird sie durch gut ausgebaute Straßen bestens erschlossen. Hotels gibt es in allen Kategorien und Preislagen, darunter auch mehrere der Luxusklasse, die im übrigen Griechenland selten sind. Auf der anderen Seite locken zahlreiche Zeltplätze aber auch sparsamere Urlauber an.

Eine gut funktionierende Hoteliersvereinigung bemüht sich um große Kinderfreundlichkeit, um die Anlage von beispielhaft markierten Wanderwegen und um originelle Sonderangebote, die eine Pauschalreise auf die Chalkidikí noch attraktiver werden lassen. So hatte man hier auch in den letzten touristischen Krisenjahren einen weitaus geringeren Gästeschwund zu verzeichnen als beispielsweise auf den Inseln Kreta oder Rhodos. Ein Grund dafür ist freilich auch die Nähe zu anderen Balkanstaaten wie Serbien und Bulgarien und ehemaligen Ostblockländern wie Ungarn und Rußland, aus denen zusehends mehr Touristen kommen.

Die Chalkidikí mit ihren charakteristischen drei »Fingern« – den Halbinseln Kassándra, Sithonía und Athos – ist einer von

In mehr als einer Hinsicht paradiesisch: die oft grünen Küsten der Chalkidikí

5

51 griechischen Regierungsbezirken *(Nomoi)*. Sie gehört zur Provinz Zentral-Makedonien. Hauptstadt dieser Provinz ist die Millionenstadt Thessaloníki. Hauptstadt des Regierungsbezirks Chalkidikí ist die Kleinstadt Polýgyros. Sie liegt zentral im Binnenland an einem Ausläufer des 1165 m hohen Cholómon.

Mit 2033 m weitaus höher ist der Berg Athos an der Südspitze der gleichnamigen Halbinsel. Die Griechen nennen sie meist Agíon Óros (Ajion Oros), heiliger Berg; denn sie ist schon seit über 1000 Jahren eine Mönchsrepublik, die in inneren Angelegenheiten weitgehend unabhängig von der griechischen Regierung ist. Heute leben dort noch in 20 Klöstern und anderen monastischen Siedlungen über 1700 Mönche. Um sie zu besuchen, benötigt man ein spezielles Visum. Es wird nur Männern erteilt. Pro Tag dürfen maximal zehn Ausländer einreisen und höchstens für drei Nächte bleiben. Solche Beschränkungen kennt man auf den beiden anderen Fingern der Chalkidikí natürlich nicht. Die Halbinseln Kassándra und Sithonía leben weitgehend vom Fremdenverkehr; all ihre Küstenorte sind bedeutende Urlaubszentren. Weitere Einnahmequellen für die Bevölkerung sind die Fischerei und die Bienenzucht. Auf der Kassándra wird viel Weizen angebaut, in manchen Teilen auf der Sithonía Wein. Viehzucht wird vor allem auf der Sithonía und in den Bergen des Binnenlands betrieben, wo auch die Forstwirtschaft eine bedeutende Rolle spielt. Industriebetriebe gibt es auf der Chalkidikí nicht.

Ganz ungetrübt ist das Landschaftsbild dennoch nicht überall: An mehreren Stellen wird im Binnenland im Tagebau Magnesit abgebaut, so daß die Landschaft dort weißen Wüsten gleicht.

Der Name der Chalkidikí leitet sich von der Stadt Chalkída (auch: Chálkis) auf der großen Insel Euböa ab. Vor allem Menschen aus dieser antiken Stadt waren es, die im 8. und 7. Jh. v. Chr. ihre Heimat verließen und auf der Chalkidikí neue Siedlungen gründeten. Weitere Siedler kamen aus Chalkidas Nachbarstadt Eretria, aus Athen und Korinth sowie von der Ägäisinsel Andros.

Die neuen Siedlungen waren voneinander unabhängige Stadtstaaten, die sich jedoch gegen Ende des 5. Jhs. v. Chr. im Chalkidischen Bund zusammenschlossen, um sich wirtschaftlich und militärisch besser behaupten zu können. Trotzdem erlagen sie Mitte des 4. Jhs. dem übermächtigen Nachbarn Makedonien, dessen König Philipp II. wenige Jahre später auch alle übrigen griechischen Städte um ihre Freiheit brachte und somit unter seiner Herrschaft erstmals ein geeintes Griechenland schuf.

Zum modernen Griechenland der Neuzeit gehört die Chalkidikí erst wieder seit 1912. Über 450 Jahre lang stand sie wie viele andere Regionen von Hellas unter türkischer Fremdherrschaft. Der griechische Freiheitskampf begann zwar schon 1821 auf dem Peloponnes, führte auch zu Aufständen auf der Chalkidikí und endete 1828 mit einem griechischen Sieg, Nordgriechenland und viele Inseln aber blieben den-

Kloster Pantelímonos auf der Agíon Óros genannten Athos-Halbinsel

noch weitere Jahrzehnte durch Einflußnahme der Großmächte unter fremder Herrschaft.

In türkisch-osmanischer Zeit gab es auf der Chalkidikí nur noch wenige Bauerndörfer. Die Ländereien gehörten entweder türkischen Gutsherren oder den Athos-Klöstern. Das erste von ihnen war bereits 963 gegründet worden, bald folgten weitere. Unter den vielen Mönchen waren häufig wohlhabende Edelleute, die der Welt entsagten und ihren Besitz ihrem Kloster überließen: Grundstücke irgendwo im orthodoxen Raum ebenso wie wertvolle Bücher und Kunstgegenstände. Auch weltliche Fürsten wollten sich mit großzügigen Schenkungen des öfteren den späteren Eintritt ins Paradies erleichtern, Laien glaubten, durch Testamente zugunsten der Klöster einem milderen Urteil beim Jüngsten Gericht entgegensehen zu können. So waren die Klöster in über neun Jahrhunderten zu einem der größten Landbesitzer Griechenlands geworden.

Die Klöster errichteten auf dem ihnen gehörenden Besitz meist massive Wehrtürme. Mehrere von ihnen stehen noch heute und zählen zu den wenigen historischen Sehenswürdigkeiten der Chalkidikí. Aus der Antike ist in dieser Region nur sehr wenig erhalten; Ausgrabungen von überregionalem Rang sind nur die von Olynthos und Olympiáda. Für eine klassische Studienreise ist die Chalkidikí also kein empfehlenswertes Ziel. Das einzige nennenswerte Museum der Region, das archäologische Museum in der Bezirkshauptstadt Polýgyros, trägt äußerst provinzielle Züge. Abgesehen von den Athos-Klöstern gibt es auch kaum kunsthistorisch bemerkenswerte Kirchen und Klöster, da die meisten Sakralbauten erst im 18. oder 19. Jh. entstanden. Damals entwickelten sich aus den winzigen Siedlungen, die um die Wehrtürme auf den Gütern der Athos-Klöster bestanden, wieder neue Dörfer.

Ihr heutiges Gesicht nahm die Chalkidikí im wesentlichen aber erst nach 1922 an. Damals endete ein griechischer Versuch, Teile der kleinasiatischen Türkei militärisch zu erobern, mit einem Fiasko. Hunderttausende von kleinasiatischen Griechen wurden von den unter Kemal Atatürk siegreichen Türken ums Leben gebracht. In einem anschließenden Friedensvertrag wurde ein Bevölkerungsaustausch vereinbart. Die meisten der noch in Griechenland ansässigen Türken mußten in die Türkei übersiedeln, fast alle dort lebenden Griechen mußten in Hellas eine neue Heimat finden. Die Chalkidikí war ideal für die Neuansiedlung der Vertriebenen. Die ehemals Türken gehörenden Güter lagen brach; die den Klöstern gehörenden Ländereien außerhalb der Mönchsrepublik konnten ohne größere Schwierigkeiten enteignet werden. So entstanden auf der Chalkidikí 27 große, neue Dörfer, die die Flüchtlinge aufnahmen. Die meisten von ihnen sind noch heute leicht zu identifizieren: Ihr Name setzt sich aus dem Wörtchen *Néa* oder *Néos* für Neu und dem Namen ihrer in Kleinasien liegenden Heimatstadt oder -region zusammen: Néos Mármaras zum Beispiel oder Néa Fokéa, Néa Potidéa, Néa Skióni und Néa Moudianá.

Seit einigen Jahren wird die Chalkidikí von einer neuen Siedlungswelle erfaßt: Tausende von Bewohnern Thessaloníkis kaufen Sommerhäuser und Apartments vor allem in den Küstenorten der Kassándra und an der Westküste der Sithonía-Halbinsel. Die Landschaft wird dadurch zunehmend zersiedelt. Aus noch vor zehn Jahren völlig verträumten Fischerdörfern sind große Ansiedlungen geworden. Zentral gelenkte Bebauungs- oder gar Flächennutzungspläne gibt es bisher nicht, nur wenige Bauvorschriften sind zu beachten. Umweltbewußtsein war noch nie eine Stärke der Griechen.

Eine bemerkenswerte Ausnahme bilden viele Hoteliers. Sie wissen, was auf dem Spiel steht. Fast alle größeren Hotels besitzen eigene biologische Kläranlagen und erwärmen ihr Wasser mit Sonnenenergie. Sie haben ihren Einfluß bei der Organisation einer gut funktionierenden kommunalen Müllabfuhr und der Schaffung zentraler Mülldeponien geltend gemacht. Nirgends in Griechenland werden so viele Strände regelmäßig gereinigt wie hier; nirgends gibt es auf 500 km Küstenlänge so viele Küstenabschnitte, die mit der Blauen Flagge des Europarats ausgezeichnet worden sind.

Einem ungetrübten Badeurlaub steht also nichts entgegen. Und für den, der dennoch an einigen Tagen auf den Spuren der Geschichte wandeln will, gibt es ja immerhin noch eine Reihe von Zielen außerhalb der Chalkidikí, die man bequem auf Tagesausflügen erreichen kann: Thessaloníki zum Beispiel, Díon und Vérgina. Sogar zu den Meteóra-Klöstern führen Tagestouren. Da dürfen auch Frauen sehen, wie es sich lebt, wenn man der Welt entsagt.

Geschichtstabelle

700 000 v. Chr.
Erste Spuren menschlicher
Besiedlung auf der Chalkidikí

8. Jh. v. Chr.
Griechische Siedler aus Athen
und Korinth sowie von den
Inseln Andros und Euböa
gründen auf der Chalkidikí
Kolonien und verdrängen die
hier ansässigen Thraker

7./6. Jh. v. Chr.
Archaische Zeit. Sparta, Korinth
und Athen werden zu
Machtzentren Griechenlands

492–479 v. Chr.
Perserkriege. Die Griechen
bleiben siegreich

338–146 v. Chr.
Hellenismus. Der makedonische
König Philipp II. unterwirft ganz
Griechenland, sein Sohn Alexan-
der begründet ein Weltreich.
Sein Nachfolger Kassandros
gründet 315 Thessaloníki

168 v. Chr.–395 n. Chr.
Römische Zeit. 146 v. Chr. wird
Thessaloníki zur Hauptstadt der
Provinz Makedonien

395–1204
Oströmisch-byzantinische Zeit.
Reichshauptstadt ist Konstantino-
pel, das heutige Istanbul

9. Jahrhundert
Auf der Halbinsel Athos werden
die ersten Klöster gegründet

1204–1453
Fränkische Zeit. Griechenland
zerfällt in mehrere kleine Reiche
fränkischer Kreuzritter sowie

byzantinischer, serbischer und
albanischer Fürsten

1453
Die Türken erobern Konstantinopel, das Byzantinische Reich geht
unter. Thessaloníki haben die
Türken schon 1430 erobert

1821–29
Griechischer Freiheitskampf,
Gründung des neugriechischen
Staates. Die Chalkidikí verbleibt
im Osmanischen Reich

1912/13
Griechenland und die Chalkidikí
werden Teil Griechenlands

1922/23
Griechenlands Versuch, die Türkei zu erobern, endet in einer
Katastrophe; über eine Million
griechischer Flüchtlinge strömen
nach Hellas. Viele werden in der
Chalkidikí angesiedelt

1940–1944
Griechenland ist von den Deutschen besetzt, 60 000 Juden
werden aus Thessaloníki in die
Vernichtungslager deportiert

1944–1949
Bürgerkrieg in Griechenland

1967–1974
Militärdiktatur in Griechenland

Seit 1974
Griechenland wird 1974 parla-
mentarische Demokratie und
1981 Vollmitglied in der EU.
Premierminister ist seit 1996
Kostas Simitis (PASOK)

1997
Thessaloníki ist
Kulturhauptstadt Europas

Von Agía bis Zeus

Was man zum Verständnis des alten und des neuen
Griechenlands wissen sollte

Agía, Ágios

Die Wörter Agía und Ágios begegnen einem in Griechenland immer wieder. Sie sind Teil von Orts- und Kirchennamen, sie kommen in den Namen von Fischerbooten und Autofähren vor. Agía heißt Heilige, Ágios Heiliger. Der Gottesmutter Maria gebührt ein besonderer Ehrenname. Sie ist die Panagía, die Allheilige.

Arbeitslosigkeit

Die offizielle Arbeitslosenquote in Griechenland betrug Ende 1996 etwa 5 Prozent.

Bürgerkrieg

Während des Zweiten Weltkriegs kämpften zahllose griechische Partisanen gegen das deutsche Besatzungsheer. Als die Deutschen 1944 abzogen, war der Krieg in Hellas aber noch nicht vorbei. Bis 1949 lieferten sich kommunistische Freischärler und bürgerliche Truppen einen erbitterten Bürgerkrieg, der noch mehr Opfer forderte als der Krieg gegen die Faschisten. Die Chalkidikí war eins der bedeutendsten Kampfgebiete, selbst die Mönchsrepublik Athos wurde zum Schlachtfeld.

Kirchliche Pracht in Arnéa

Byzanz

Statt vom Mittelalter spricht man in bezug auf Griechenland meist von der byzantinischen Zeit. Sie fällt ziemlich genau mit unserem Mittelalter zusammen, beginnt mit Kaiser Justinian im 6. Jh. und endet mit der Eroberung Konstantinopels durch die Türken im Jahr 1453. Konstantinopel – das heutige Istanbul – war die Hauptstadt jenes Reichs, das in seinen besten Zeiten bis zur Straße von Gibraltar und weit nach Vorderasien und Nordafrika hineinreichte.

Ferien

Die griechischen Sommerferien dauern von Mitte Juni bis Mitte September. Haupturlaubsmonat der Griechen aber ist nur der August. Zwischen dem 1. und dem 20. 8. hält es kaum einen Hellenen zu Hause: Fast alle strömen ans Meer, einige wenige auch in die viel kühleren Berge. In dieser Zeit ist es äußerst schwierig, irgendwo in Hellas außerhalb der Städte ohne vorherige Reservierung ein Zimmer zu bekommen.

Flaggen

Die Farben der griechischen Flagge sind weiß und blau. Schulkindern wird meist erklärt, die Farben würden für Meer, Himmel und Wolken stehen. In

Wahrheit aber sind es die bayerischen Farben, die Griechenlands erster König der Neuzeit, der Wittelsbacher Otto, nach seiner Wahl durch die Großmächte mit in sein neues Reich brachte. Vor Kirchen und Klöstern sieht man oft eine viel ältere, besser zu Hellas passende Flagge: Sie trägt auf gelbem Untergrund einen Doppeladler. Er ist das Symbol des Byzantinischen Reichs, von dem Griechenland bis zu dessen Fall 1453 ein Teil war.

Ikonen

Darstellungen von Heiligen und biblischen Ereignissen auf Tafelbildern nennt man in der orthodoxen Kirche Ikonen. Man findet sie in allen Gotteshäusern, aber auch in vielen Autos, Bussen, Geschäften, Restaurants und Privatwohnungen. Sie sind etwas ganz anderes als fromme Bilder in unseren Kirchen. Ikonen sind »Tore zum Himmel«. Sie bringen den Heiligen ins Haus, machen ihn präsent. Deswegen genießen sie solch auffällig große Verehrung, werden geküßt, mit Edelmetall, kostbaren Vorhängen, Juwelen, Ringen und Uhren geschmückt und manchmal auch bei Prozessionen durch den Ort oder durch die Olivenhaine getragen. Ikonen sind Konsulate des Himmels auf Erden. Sie werden behandelt, als wären sie der oder die Heilige selbst. Götzendienst ist das nicht. Die Verehrung gilt ja nicht dem gemalten Bild, sondern dem Dargestellten selbst. Die Ikone wird nicht als Abbild des Heiligen, sondern als mit ihm wesenseins angesehen.

Der Ikonenmaler muß sich auch heute noch ebenso wie der Schöpfer von Wandmalereien in den Kirchen streng an uralte Regeln halten. Er hat nur wenig Freiheiten. Seine Phantasie und künstlerische Kreativität sind nicht gefragt, nur seine handwerkliche Geschicklichkeit. Das führt dazu, daß sich so viele Ikonen gleichen, ganz egal, aus welchem Jahrhundert sie stammen. Die Maler halten sich streng an den byzantinischen Formenkanon. Er hat sich während und vor allem nach dem Bilderstreit, dem Ikonoklasmos (726–843) herausgebildet. In jener Zeit kam es über die Frage, ob Ikonen verehrt werden dürfen oder nicht, zu einem regelrechten Bürgerkrieg im Byzantinischen Reich. Die

---

Die Mönche und die Frauen

Das Betreten des heiligen Berges Athos ist Frauen schon seit über 1000 Jahren verboten. Die Seelenruhe der Mönche soll nicht gestört werden. Nur während des Bürgerkriegs 1944–49 haben linke Kämpferinnen das Gebot mißachtet, um die frommen Männer zu provozieren. Selbst das Halten weiblicher Haustiere ist in der Mönchsrepublik verboten. Nur die Mönche, die Ikonen malen, dürfen ein paar Hühner haben. Sie brauchen für Ihre Malerei nämlich unbedingt frisches Eidotter. Die unfreundliche Haltung gegenüber allem Weiblichen geht aber noch weiter: Keine einzige Kirche auf dem Athos ist einer weiblichen Heiligen geweiht – außer der allheiligen Maria, der Mutter Jesu.

Im Kloster Xenofóntos in der Athos-Republik leben etwa 45 Mönche

Ikonenfreunde siegten. Fortan aber mußte es für jede Darstellungsweise eine theologische Bedeutung und Rechtfertigung geben und damit entstanden Malvorschriften, die bis heute eingehalten werden.

Inflation

Die Inflationsrate betrug in Griechenland 1996 etwa 7,5–8 %.

Kioske

Kioske, auf griechisch in der Einzahl *períptero* genannt, stehen auf jedem Platz und in Städten und Dörfern an den meisten größeren Kreuzungen. Meist sind sie jeden Tag der Woche von frühmorgens bis spätnachts geöffnet und bieten alles feil, was der Mensch eventuell dringend brauchen könnte: Zigaretten und Rasierklingen, Zahnbürsten und Kämme, einzelne Aspirintabletten, Kondome und vieles mehr.

Literatur

Die neugriechische Literatur dieses Jahrhunderts hat zwei Nobelpreisträger hervorgebracht: Georgios Seferis (1963) und Odyseas Elitis (1979). Im Ausland sehr viel bekannter als diese Lyriker ist Nikos Kazantzakis (1883–1957), dessen in viele Sprachen übersetzter Roman »Alexis Sorbas« auch als Film mit Anthony Quinn in der Hauptrolle ein Welterfolg wurde.

Losverkäufer

Losverkäufer gehören zum griechischen Straßenbild wie orthodoxe Popen oder Kioske. Sie bieten die Chance auf Gewinn in Lokalen und an Busbahnhöfen, vor Kirchen und sogar in Büros an. Zwei Arten stehen zur Auswahl: Rubbellose mit sofortigem Gewinnentscheid und Lose der Staatslotterie, deren Gewinnnummern an jedem Montagabend gezogen werden.

Religion

Außer in West-Thrakien, wo es eine starke islamische Minderheit gibt, bekennen sich fast alle Griechen zum griechisch-orthodoxen Christentum. Andere christliche Konfessionen werden als Häresien betrachtet, denen anzuhängen den Weg in den Himmel versperrt.

Dem Urlauber fallen zunächst die Kirchen und die vielen kleinen Kapellen auf. Jede Kirche besitzt eine Ikonostase, also eine Bilderwand, die den Altar- vom Kirchenraum trennt. An dieser Ikonostase und meist auch an allen Wänden hängen Ikonen, vor denen Gläubige Kerzen entzünden. Statuen, Beichtstühle und Weihwasserbecken fehlen im Gegensatz zu römisch-katholischen Kirchen völlig. Eine Orgel wird man vergeblich suchen, da Instrumentalmusik verpönt ist.

Überall in Griechenland begegnet man den orthodoxen Priestern. Sie tragen lange, dunkle Gewänder und eine Kopfbedeckung, unter der meist ein mehr oder minder langer Zopf hervorschaut. Solange die Natur mitspielt, sind Priester immer langhaarig und bärtig: Was Gott wachsen läßt, soll der Priester nicht ohne Not entfernen. Orthodoxe Priester dürfen vor der Priesterweihe heiraten und haben oft große Familien. Sie werden vom Staat bezahlt; eine Kirchensteuer kennt man in Hellas aber nicht.

Orthodoxe Gottesdienste dauern häufig zwei und mehr Stunden. Nur wenige Kirchenbesucher harren diese lange Zeit über aus. Es herrscht ein ständiges Kommen und Gehen; man plaudert auch während des Gottesdienstes gelegentlich miteinander. Predigten sind kaum üblich. Die Liturgie wechselt täglich. Formeller Hauptinhalt des Gottesdienstes ist der Wechselgesang, der vom Priester und einigen Laien vorgetragen wird. Gesangbücher für die Gemeinde gibt es nicht. Äußerliche Unterschiede zwischen orthodoxen und anderen Christen zeigen sich auch in der Art der Bekreuzigung. Der orthodoxe Christ schlägt das Kreuz mit nur drei ausgestreckten Fingern, die anderen beiden werden an die Handinnenfläche gelegt.

Die orthodoxen Christen erkennen den Papst nicht als Oberhaupt der Christenheit an, sondern halten diesen Anspruch für eine Eingebung des Teufels. Sie fühlen sich den Aposteln und ersten Christen eng verbunden, weil sie ihre Glaubensgrundsätze aus dem Frühchristentum heraus entwickelt und seit dem 9. Jh. nicht mehr verändert haben. Sie beklagen das Werk der evangelischen Reformatoren, und die vom Papst verkündeten Dogmen sehen sie keinesfalls als von Gott gegeben an.

Zur offiziellen Kirchenspaltung, dem Schisma, kam es bereits im Jahr 1054. Dogmatische Unterschiede gibt es viele. Einer führte auch zum Schisma: Die Orthodoxen glauben bis heute, daß der Heilige Geist nur von Gottvater ausgeht, währen die »Papisten« damals verkündeten, er ginge von Vater und Sohn zugleich aus *(Filioque-Streit)*. Bei der Taufe halten die Orthodoxen am völligen Untertauchen des Täuflings fest. Für sie ist Maria nach ihrem Tode nicht leiblich gen Himmel gefahren; Christus trug nur ihre Seele davon. Darum wird am 15. August auch nicht Mariä Himmelfahrt gefeiert, sondern Mariä Entschlafung.

Schulsystem

Die Schulpflicht reicht in Griechenland bis zum neunten Schuljahr. Die Mittelschule wird *Gymnásio* genannt, unsere gymnasiale Oberstufe hingegen *Líkio*. Sie endet nach dem 12. Schuljahr mit dem Abitur, das aber nicht automatisch zum Studium berechtigt. Studierwillige müssen sich einer Aufnahmeprüfung unterziehen und werden je nach Ergebnis mehr oder minder renommierten Universitäten zugeteilt. Führend sind die Unis von Athen und Thessaloníki.

Sportbegeisterung

Als die griechischen Olympiateilnehmer 1996 aus Atlanta zurückkehrten, wurden sie im Olympiastadion von Athen, in dem 1896 die ersten Olympischen Spiele der Neuzeit stattgefunden hatten, von über 60 000 Menschen stürmisch gefeiert. Premierminister, Erzbischof und viel andere Prominenz waren anwesend, um den nationalen Erfolg zu genießen. Die Siege griechischer Mannschaften haben in früheren Jahren maßgeblich dazu beigetragen, daß Basket- und Volleyball heute zu den beliebtesten Sportarten zählen. Mehr Anhänger findet nur noch der Fußball. Von der Sportbegeisterung der Hellenen zeugt auch die Tatsache, daß es mehr als drei nationale Tageszeitungen gibt, die nur über Sport und sonst nichts berichten. Natürlich werden in ihnen auch die Fußballergebnisse aus den meisten europäischen Ligen abgedruckt.

Zeus

Wenn die Chalkidikí auch arm an antiken Stätten ist, begegnet man antiken Göttern doch häufiger – und sei es nur in Hotel- und Tavernennamen. Sicherlich haben die alten Griechen aber auch auf der Chalkidikí ihren Göttern Tempel erbaut, die noch nicht freigelegt wurden. Ihre Götter nämlich erlebten die Hellenen des Altertums als allgegenwärtig. Sie residierten auf dem Götterberg Olymp, brauchten aber auch in den Städten eine Unterkunft, eben ihre Tempel. Göttervater Zeus galt als der mächtigste unter ihnen; ihm war ein Tempel in Kallithéa auf der Kassándra geweiht. Sein Bruder Poseidon war für das Meer und die Erdbeben zuständig, sein zweiter Bruder Hades für die Unterwelt. Hera, die Gemahlin des Zeus, galt als Beschützerin der Ehe. Ihr einziger gemeinsamer Sohn war Hephaistos, der Gott der Schmiedekunst. Dessen Gemahlin Aphrodite, von den Römern später Venus genannt, war die Göttin der Liebe. Ihr Geliebter war Ares, der Kriegsgott. Zu den olympischen Göttern gehörten außerdem Apoll als Gott der Schönheit und des Lichts, Artemis als Göttin der Jagd, Ares als Kriegsgott und Dionysos als Gott des Weines, des Theaters und der Fruchtbarkeit.

Aphrodite mit Pan und Eros

Speisen wie ein Grieche

Die Speisekarten auf der Chalkidikí sind voller Überraschungen

Die Küche Makedoniens gilt vielen Kennern als die beste Griechenlands. Man würzt gut und mag auch scharfe Gerichte, die viele Inselgriechen und Athener nie anrühren würden. Auf der Chalkidikí haben sich zudem viele Rezepte erhalten, die die hier 1922/23 neu angesiedelten griechischen Flüchtlinge aus Kleinasien mitgebracht hatten. Für Abwechslung ist also gesorgt. Verwöhnen kann man sich aber auch mit Weinen und Spirituosen. Vom einfachen, geharzten Retsina bis zum edlen Tropfen kleiner, renommierter Winzer reicht das Angebot, vom Ouzo bis zum seltenen Sanddornschnaps. Süßmäuler kommen in Cafés und Konditoreien voll auf ihre Kosten, wenn sie stark orientalisch angehauchte, oft extrem süße Spezialitäten wie *baklavás* und *kataífi* schätzen.

Restaurants und Tavernen gibt es in jedem Küstenort und auch fast jedem Bergdorf. Wer sparen will, findet zudem jede Menge kleiner Imbißstuben, wo sich Gyros und Hühnchen am Spieß drehen, dazu Pommes frites im Fett brutzeln und mit Käse und Schinken belegte Toasts angeboten werden. Besonders beliebt als Snacks sind auch mit Käse, Spinat, Würstchen und manch anderem gefüllte Strudelteigtaschen, die *píttes.*

In Griechenland essen zu gehen, ist völlig unkompliziert. Die Sitte telefonischer Tischbestellung ist nahezu unbekannt; Kleidungsvorschriften fehlen völlig.

Die meisten Lokale sind zudem von mittags bis weit nach Mitternacht durchgehend geöffnet. Der Gast bestimmt, wann er essen will, nicht der Wirt. Bei der Vielzahl der anwesenden Nationen ist das auch nötig: Deutsche und Engländer kommen abends meist schon um 18 Uhr, gegen 20 Uhr stellen sich Franzosen und Italiener ein, ab 22 Uhr erscheinen dann die Griechen.

Speisekarten oder zumindest Preistafeln sind für alle Arten von Lokalen gesetzlich vorgeschrieben. Meist sind sie zumindest auf Griechisch und Englisch abgefaßt, in den Küstenorten fast immer auch auf Deutsch. Saisonale

Fischer in Néa Skióni: Sein Fang wird auch in Restaurants nach Gewicht berechnet

Angebote freilich tauchen häufig nur als handschriftlicher Zusatz auf, der dann auch nicht übersetzt wird. Hier hilft nur fragen. Gerichte aus tiefgekühltem Fisch, Fleisch oder Gemüse müssen auf der Karte besonders gekennzeichnet sein. Deswegen steht gerade hinter einem von Urlaubers Leibgerichten, den Kalamares, besonders häufig (ausgeschrieben oder abgekürzt) das Wort *katepsigménas*.

Die Speisekarte allein hilft allerdings meist nicht, sich zu entscheiden. Deshalb gehen auch griechische Gäste gern in die Küche oder zum Warmhalteresen und zur Kühltruhe, um dort das Angebot in Augenschein zu nehmen.

Bevor der Kellner die Bestellung aufnimmt, legt er über die gesetzlich vorgeschriebene Stofftischdecke zunächst einmal eine Einwegpapiertischdecke. Dann wird ein Korb mit Brot, Papierservietten und Besteck daraufgestellt. In stark touristisch ausgerichteten Lokalen kommt noch Butter hinzu, in besonders ursprünglichen Zahnstocher. Vom Besteck darf man nicht zuviel erwarten: Fisch- und Steakmesser sind weitgehend unbekannt, in einfachen Lokalen muß man sein Kotelett sogar mit einer Art Obstmesser zerschneiden.

Will man wie ein Grieche bestellen, wählt nicht jeder aus der Tischgemeinschaft seine Speisefolge für sich. Vorspeisen und Sa-

Beim Essen ist die Gesellschaft ebensowichtig wie die Speisen

late bestellt man für alle gemeinsam; jeder nimmt sich, wovon und wieviel er mag. Auch Fisch und auf Holzkohle gegrilltes Fleisch werden von Griechen meist nicht portionsweise, sondern nach Gewicht auf großen Platten bestellt, von denen sich wiederum jeder nach seinem Gusto nimmt.

In sehr touristisch ausgerichteten Restaurants ist das freilich nicht mehr möglich: Da hat sich der Teller mit Reis und Pommes frites, Erbsen und Möhren sowie einem Salatblatt als unsägliche Garnitur durchgesetzt. Eine andere Zeiterscheinung allerdings macht sich zunehmend positiv bemerkbar. Während früher in griechischen Restaurants viele Gerichte nur lauwarm serviert wurden, kommen sie heute dank Mikrowelle häufig viel zu heiß auf den Tisch.

Eine andere echt griechische Eigenart hat sich weitgehend erhalten: Der Tisch wird erst abgeräumt, wenn der Gast gegangen ist. Griechische Gäste sehen gern, wie üppig sie gespeist und getrunken haben und freuen sich an Tischen voller Geschirr und leeren Flaschen.

Wenn es ans Bezahlen geht, haben viele Kellner abseits der Touristenzentren Probleme mit den fremden Gewohnheiten ihrer ausländischen Gäste. Die wollen oft getrennt zahlen, obwohl sie am gleichen Tisch sitzen. In griechischen Tischgemeinschaften übernimmt immer einer für alle die Rechnung. Wenn es denn sein muß, kann man ja hinterher die Kosten teilen. Auch beim Trinkgeld sind die Gewohnheiten unterschiedlich. Der Grieche verfährt nach dem Motto »Entweder gar nichts oder ordentlich«. Zehn Prozent sind üblich; das bloße Aufrunden auf den nächsten Hunderter ist eher beleidigend. Zudem bittet man den Kellner nicht, das Trinkgeld gleich auf die Rechnung aufzuschlagen, sondern läßt es beim Gehen auf dem Tisch liegen.

Das Restaurant, griechisch *estiatório,* ist in Hellas nicht die einzige Form des Speiselokals. Gleichberechtigt ist die *taverna,* die meist uriger eingerichtet und manchmal nur abends geöffnet ist. In der *psárotaverna* steht hauptsächlich frischer Fisch auf der Speisekarte. Viele kleine Gerichte, Muscheln, Oktopus und Schnecken sind die Spezialität des *mezedopoío.* Dieser Lokaltyp, ist oft auch nach dem dort bevorzugten Getränk benannt. In der *oúzeri* ist das der Anisschnaps Oúzo, im *tsipourádiko* der Tresterschnaps *tsípouro,* im *retsinádiko* der geharzte Wein Retsína.

Kaffee und andere Heißgetränke werden in Eßlokalen nur manchmal serviert. Die traditionellen Stätten dafür sind das ursprünglich Männern vorbehaltene *kafenío,* das Kaffeehaus, und für Damen und Familien die Konditorei, das *zacharóplastío.*

Seinen Kaffee zu bestellen, ist in Griechenland eine Wissenschaft für sich. Zunächst einmal hat man die Wahl zwischen dem griechischen Mokka, *kafé ellinikó,* dem heißen Instant-Kaffee, generell *nescafé sestó* genannt, und dem kalten, schaumig geschlagenen und mit Eiswürfeln servierten Instant-Kaffee, *frappé.* Beim griechischen Kaffee muß man bei der Bestellung immer gleich den gewünschten Süßegrad mit angeben, da das Wasser

Kleines Lexikon griechischer Spezialitäten

briám, briamé Ratatouille mit viel Auberginen

brizóla Rinds- oder Schweine-kotelett

choriátiki saláta Griechischer Salat aus Tomaten, Zwiebeln, Gurken, Oliven und Féta-Käse

chtipití Pürierter Féta-Käse, gemischt mit viel Knoblauch und oft auch etwas Chili

dolmádes Warm servierte, mit Reis und Hackfleisch gefüllte Weinblätter, meist in einer Ei-Zitronen-Soße

fáva Ein Püree aus gelben Erbsen, das mit Öl übergossen und mit Zwiebeln und Zitronensaft gegessen wird

florinés Gebratene rote, überhaupt nicht scharfe Pfefferschoten

gígantes Pferdebohnen in Tomatensoße, mit Oregano gewürzt

jemistés Mit Reis und Hackfleisch gefüllte Paprikaschoten, Tomaten, Zucchini oder Auberginen

jurvalákia Die griechische Variante der Königsberger Klopse, aus Rinderhack hergestellt

juvétsi Überbackene, Reis ähnlich sehende Nudeln mit Rind- oder Lammfleisch

kakaviá Die griechische Form der Bouillabaisse. Der Fisch wird nicht in der Suppe, sondern auf einem separaten Teller serviert

kefterí piperjá Scharfe grüne Pfefferschote

kefaláki Gegrillter Lammkopf

kokorétsi In Darm gewickelte, am Spieß gegrillte Innereien, meist mit Senf serviert

kotósupa Hühnersuppe

láchanodolmádes Mit Reis und Hackfleisch gefüllte kleine Kohlrouladen

lukanikó Gebratene, meist sehr fette Wurst

márides Knusprig ausgebackene Sardellen, die man mit Haut und Gräten, Kopf und Schwanz verzehrt

melindsánosalata kaltes Auberginenpüree mit Knoblauch

mialá vrastá Gekochtes Lammhirn

óktopus Krake, gegrillt, als Stew gekocht oder kalt als leicht säuerlicher Salat serviert

patsá Deftige Kuttelsuppe, in der auch Schweins- und Lammfüßchen mitgekocht werden können; wird vor allem nachts und frühmorgens gegessen

piktí Sülze

stifádo Meist Rinder-, manchmal auch Kaninchengulasch in einer Tomaten-Zimt-Soße mit Zwiebelgemüse

spanokópitta Mit Spinat gefüllte Strudelteigtaschen

spetsofaí Landwürste, in einer ölreichen Tomatensoße zusammen mit vielen grünen, nicht scharfen Paprika gekocht

susukákia Hackfleischwürstchen in Tomatensoße

táramosaláta Rötliches Püree aus geriebenen Kartoffeln oder aufgeweichtem Brot und Fischrogen

tirokeftédes Käsekroketten

tirópitta Käsetasche aus Blätterteig

zusammen mit dem Kaffeepulver und dem Zucker aufgekocht wird: *skétto*, ohne Zucker; *métrio*, mit etwas Zucker; *glikó*, mit viel Zucker. Griechischen Kaffee trinkt man immer ohne Milch. Wünscht man seinen heißen oder kalten Nescafé mit Milch, fügt man *mä gála* an.

Der im Ausland bekannteste griechische Käse, der auch auf keinem griechischen Salat fehlen darf, ist der *féta* (gesprochen: fätta). Das Wort bedeutet eigentlich nur Stück, bezeichnet aber einen frischen, in einer Salzlake marinierten Weißkäse aus Schafs- und Ziegenmilch, den es in unterschiedlichen Härtegraden gibt. *Graviéra* ist ein dem Gruyère ähnlicher Käse aus Schafs- oder Ziegenmilch. *Kefalótiri* ist ein gesalzener Hartkäse aus Ziegenmilch, der bevorzugt wie Parmesan gerieben wird. Weit verbreitet sind auch der dem italienischen Ricotta ähnelnde Quarkkäse *mizíthra* und der cremige *anthotíri* aus Schafsmilch. Meist überbacken wird unter dem Namen *saganáki* der aus Ziegenmilch hergestellte, dem Cheddar verwandte *kasséri* serviert.

Der Griechen liebstes Getränk ist Wasser. Eisgekühltes Leitungswasser bekommt man automatisch zum griechischen Kaffee und auf Wunsch auch kostenlos zum Essen. Es kann überall bedenkenlos getrunken werden. Mineralwasser ohne Kohlensäure wird als *metallikó neró* in großen Plastikflaschen angeboten. In Supermärkten und an Kiosken ist dafür seit 1996 ein Höchstpreis staatlich festgelegt, der durch Aushang bekannt gegeben sein muß. Wasser mit Kohlensäure gibt es als *sóda* meist nur in kleinen Limonadenflaschen oder Dosen.

Frisch gepreßte Obstsäfte sind teuer und weitaus seltener zu finden, als man das in einem südlichen Land erwarten kann.

Die gängigsten Spirituosen sind der Anisschnaps *oúzo* und der Tresterschnaps *tsípouro*. Er wird allerdings nur selten in Hotels, dafür umso häufiger in Dorflokalen angeboten. Eine Spezialität in manchen Dörfern ist der *koúmaro*, ein Destillat aus Sanddorn.

Griechenlands Winzer haben die Qualität ihrer Weine in den letzten zehn Jahren gewaltig gesteigert; die Ergebnisse übersteigen aber fast nie die Ansprüche an einen Qualitätswein mit Prädikat. Die für gute Weine bekannteste Kellerei ist die des einstigen Reeders Carras auf der Halbinsel Sithonía. Kleinere makedonische Kellereien mit gutem Renommee sind *Babatzim & Co., Ktima Gerovasilíou* und *Tsantalis*. Will man einen edlen Tropfen, achte man auf den Namenszusatz *cava*. Er kennzeichnet einen mindestens zwei Jahre lang gereiften Weiß- bzw. mindestens drei Jahre gereiften Rotwein guter Qualität.

Eine echt griechische Weinspezialität ist der meist weiße, manchmal auch roséfarbene *Retsína*. Diesem Wein sind maximal ein Kilogramm Harz der Aleppo-Kiefer pro Hektoliter zugesetzt. Auf der Chalkidikí trinkt man bevorzugt Retsína aus Makedonien: Georgiádis oder Malamatína. Der Geschmack ist vielleicht gewöhnungsbedürftig – doch wer die Anfangsphase durchsteht, kann sich fortan über preiswerten Weingenuß freuen.

Boutiquen und Märkte

Vom Schafwollteppich bis zur Ikone ist alles zu haben

Für einen ausführlichen Einkaufsbummel empfiehlt sich ein Ausflug in die nahe Großstadt Thessaloníki. Da gibt es auf Märkten, in Boutiquen, Läden, Kaufhäusern und Ateliers fast alles, was Griechenland zu bieten hat. Aber auch auf der Chalkidikí selbst ist Verlockendes zu finden.

Wochenmärkte finden auf Kassándra und Sithonía täglich in wechselnden Orten statt. Die edelsten Geschäfte haben sich seit 1996 im Touristendorf Porto Sani Village auf der Halbinsel Kassándra niedergelassen. Da gibt es erstklassige Pelze vom Edelkürschner Zachos Kevrekidis und die glitzernde Kollektion des international renommierten Juweliers Vilderidis, köstliche Pralinés und Teppiche aus aller Welt. Echt griechische Schafwollteppiche, Flokatis, kauft man am besten im Binnenstädtchen Arnéa, wo sie noch immer in Heimarbeit hergestellt werden. Aus Arnéa stammen auch viele schöne, traditionelle Web- und Stickarbeiten.

Typischer Souvenirladen im Bilderbuchstädtchen Arnéa

Viele Mönche auf dem Berg Athos malen heute noch Ikonen im traditionellen Stil. Die wenigen Glücklichen, die ein Visum für den heiligen Berg erhalten, können sie dort direkt kaufen. Neue Ikonen werden aber auch in vielen Geschäften, insbesondere in Ouranópolis, feilgeboten. Dabei wird freilich oft Etikettenschwindel betrieben. Die preiswerten Ikonen, die als *handmade* gekennzeichnet sind, sind in Wirklichkeit nur per Hand hergestellte und später vergoldete Siebdrucke. Echte, handgemalte Ikonen sind mit *hand painted* gekennzeichnet und kosten mehrere hundert Mark.

Preiswerten Silberschmuck bieten viele Juweliere an. Nur selten aber ist er vor Ort hergestellt worden. Eine der wenigen Ausnahmen findet man in Sárti auf der Halbinsel Sithonía.

In den Touristenzentren und in kleinen Dörfern sind die meisten Geschäfte täglich bis spätabends geöffnet. In den Städten sind sie sonntags sowie nachmittags zwischen 14 und 17 Uhr geschlossen und an drei Tagen pro Woche noch einmal von etwa 17 bis 20 Uhr geöffnet.

Gäste sind willkommen

*Kirchweihfeste gibt es zu jeder Jahreszeit,
Kulturfestivals im Sommer*

Für den Einzelnen ist der Namenstag das bedeutendste jährlich wiederkehrende Fest. Besonders groß gefeiert werden Hochzeiten und Taufen. Die Feiern finden meist in einer Taverne statt. Mehrere hundert Gäste einzuladen, ist völlig normal.

Noch viel mehr Menschen strömen zusammen, wenn ein Ort oder auch eine fernab eines Dorfes gelegene Kirche ihr Kirchweihfest, das *panijíri,* feiert. Manchmal dauert es tagelang, manchmal nur einen Tag. Der Termin orientiert sich am Patronatstag des jeweiligen Ortsheiligen. Schon am Vorabend wird auf dem Dorfplatz mit Musik und Tanz gefeiert. Am Tag des Heiligen bildet der Gottesdienst das zentrale Ereignis, an den sich manchmal eine Prozession anschließt, bei der die Ikone des Heiligen durch den Ort oder über die Felder und durch die Olivenhaine getragen wird. Abends steht dann wieder das weltliche Vergnügen im Vordergrund. Urlauber sind dabei als Gäste herzlich willkommen.

Mehrtägige Kirchweihfeste sind häufig auch mit kulturellen und sportlichen Veranstaltungen verbunden. Kulturelle Höhepunkte jeden Sommers sind zwei Festivals auf der Kassándra.

GESETZLICHE FEIERTAGE

1. Januar *Neujahrstag*
6. Januar *Dreikönigsfest*
25. März *Nationalfeiertag*
1. Mai *Tag der Arbeit*
15. August *Mariä Entschlafung*
28. Oktober *Nationalfeiertag*
25./26. Dezember *Weihnachten*

BEWEGLICHE FEIERTAGE

Die beweglichen Feiertage richten sich nach dem Julianischen Kalender und fallen daher nur ausnahmsweise mit unseren gleichnamigen Feiertagen zusammen. Hier die kommenden Termine:

Rosenmontag 10.3.97, 2.3.98, 22.2.99

Karfreitag 25.4.97, 17.4.98, 9.4.99

Ostermontag 28.4.97, 20.4.98, 12.4.99

Pfingstmontag 16.6.97, 9.6.98, 1.6.99

Ostergottesdienst auf dem Athos

An gesetzlichen Feiertagen bleiben die meisten Geschäfte geschlossen. Museen und archäologische Stätten sind am 1. Januar, 25. März, Ostersonntag, 1. Mai und 25./26. Dezember nicht und am Karfreitag und Heiligabend nur morgens geöffnet.

Karneval

Fasching wird überall in Griechenland gefeiert. Insbesondere am letzten Karnevalswochenende sind viele Tavernen mit Girlanden geschmückt, laufen vor allem Kinder kostümiert durch die Straßen. Der beste Ort der Chalkidikí, um den Karnevalssonntag zu erleben, ist Polýgyros. Am Rosenmontag läßt man überall in Griechenland Drachen steigen und fährt zum Picknick aufs Land.

Karfreitag

Am Morgen wird in der Kirche das symbolische Grab Christi, der *Epitaphios,* von Frauen und Mädchen mit Blumen geschmückt. Am Abend, meist gegen 21 Uhr, wird der Epitaph dann in feierlicher Prozession durchs Dorf getragen.

Ostern

★ Ostern ist das bedeutendste Fest des Jahres. Es beginnt gegen 23 Uhr am Ostersamstag mit einem Gottesdienst. Kurz vor Mitternacht verlöschen alle Lichter bis auf eines. Dann verkündet der Priester die Auferstehung Christi. Jeder entzündet eine mitgebrachte Kerze, Feuerwerkskörper explodieren wie bei uns zu Silvester. Nach Hause zurückgekehrt, ißt man die traditionelle Ostersuppe *Margarítsa* und meist rot angemalte Ostereier. Am Ostersonntag drehen sich dann überall Lämmer und Zicklein unter freiem Himmel am Spieß.

Nationalfeiertage

Am 25. März gedenkt man des offiziellen Beginns des griechischen Freiheitskampfes gegen die Türken im Jahr 1821. Der 28. Oktober ist der Erinnerung an den Tag im Jahr 1940 gewidmet, an dem Griechenland ein Ultimatum Mussolinis ablehnte und dadurch in den Zweiten Weltkrieg hineingezogen wurde. An den Paraden an beiden Tagen nehmen viele Schüler in traditionellen Trachten teil.

KULTURFESTIVALS

Um kulturelle Veranstaltungen während des Hochsommers bemüht sich jede größere Gemeinde Griechenlands. Eine ganze Reihe solcher Ereignisse werden auf der Halbinsel Kassándra organisiert:
Ende Juni bis Ende August: ★ Kassándra Festival. Etwa 20 Veranstaltungen in einem modernen Freilichttheater beim Dorf Sivíri. Meist werden antike und moderne Dramen in griechischer Sprache aufgeführt, außerdem gibt es Konzerte mit klassischer und griechischer Musik, Ballettabende und einen Opernabend. Karten erhält man an der Abendkasse sowie am Festivalkiosk auf der Platía von Sivíri. Auskunft: *Kassándra Festival Office, Tel. 0374/ 233 68, Fax 239 97.*
Anfang Juli bis Anfang September: Sani Festival. Die vom Sani Beach Holiday Resort privat organisierte Veranstaltungsreihe bietet an etwa zwölf Abenden Konzerte mit griechischer und klassi-

MARCO POLO TIPS FÜR FESTE

1 Kassándra Festival
Musik und Theater
unterm Sternenhimmel
bei Sivíri (Seite 26)

2 Jahrmarkt in Ágios Mámas
Der größte auf der
Chalkidikí, verbunden
mit einem fröhlichen
Kirchweihfest (Seite 27)

3 Kirchweihfest in Ormýlia
Viel Folklore und
die Inszenierung einer
traditionellen Dorf-
hochzeit (Seite 27)

4 Ostern
Gottesdienst und Feuer-
werk in der Osternacht
überall im Lande (Seite 26)

scher Musik sowie Kunst- und Fotoausstellungen auf dem Gelände des Hotels Sani Beach. Auskunft: *Sani Beach Holiday Resort, Festival Office, Tel. 0374/312 31, Fax 312 93.*

Mitte Juli bis Ende August: Um eine Aufführung in einem antiken Theater miterleben zu können, muß man einen Ausflug nach Philíppi bei Kavála unternehmen und dort auch übernachten. Programmauskunft: *Griechische Zentrale für Fremdenverkehr, Kavála, Tel. 051/22 87 62, Fax 22 38 85.*

LOKALE FESTE

Die Liste der örtlichen Kirchweihfeste ist fast endlos. Hier sind die wichtigsten und für den Urlauber interessantesten in einer Auswahl zusammengestellt:

2. Mai: Kirchweihfest in Néa Olynthos. Musik und Tanz unmittelbar vor der Kirche.

21. Mai: Kirchweihfest in Ouranópolis mit Radrennen.

25./26. Juni: Großes Kirchweihfest in einem Eichenwald am Stadtrand von Arnéa mit Musik, Tanz und buntem Jahrmarkt.

Ende Juni: Einwöchiges ★ Kirchweihfest in Ormýlia. An mehreren Abenden Volkstanz und Musik, am Wochenende vor dem 29. Juni abends Inszenierung einer traditionellen Dorfhochzeit.

7./8. Juli: Muschelfest in Olympiáda. Muscheln kostenlos für jedermann.

Mitte Juli: Sardellenfest in Néa Moudianá, mit Musik, Tanz und kostenlosen Sardellen für alle.

20. Juli: Kirchweihfest in Ierissós. Allen Anwesenden werden kostenlos traditionelle Speisen gereicht.

26. Juli: Kirchweihfest der hl. Paraskevi im Wäldchen bei Arnea.

15. August: Kirchweihfeste in vielen Dörfern mit Marienkirche. Besonders schön mit Musik und Tanz in Áfytos, Kryopigí, Megáli Panagiá, Olympiáda, Palioúri und Sárti.

1.–3. September: ★ Kirchweihfest mit großem Jahrmarkt beim Dorf Ágios Mámas. Besucher strömen aus der gesamten Chalkidikí hierher, um Freunde und Bekannte zu treffen.

17. November: Kirchweihfest mit Musik und Tanz in Pefkochóri.

Lange Strände und große Hotels

An der Ostküste herrscht viel Trubel, im Westen
wird es ruhiger

Der Mensch ha aus der Halbinsel Kassándra eine hte Insel gemacht. Schon vor   Jahren trennte ein Kanal de. vestlichsten Finger der Chalkıdikí vom Festland. Heute ist er 1250 m lang, 40 m breit und 8 m tief. Bis 1967 konnte man ihn nur auf einer Fähre überqueren, die von einem Drahtseil übers Wasser gezogen wurde. Jetzt quert man ihn auf einer hohen Brücke und ist sogleich im ersten Ort der Kassándra, in Néa Potidéa (Nea Potidäa).

Die Kassándra ist der touristisch am intensivsten erschlossene Finger. Hier stehen die meisten Großhotels mit über 1 000 Betten, liegen die Urlaubsorte viel dichter zusammen als auf der Sithonía. Aber auch hier findet man Unterkünfte in kleinen Pensionen und Apartmenthäusern. Typisch für die Kassándra sind ihre kilometerlangen Sandstrände und die nur leicht gewellten Binnenebenen, auf denen auf großen Feldern vorwiegend Weizen angebaut wird. Hohe Berge fehlen; der vorwitzigste der kassandrischen Hügel steigt gerade einmal auf 353 m Höhe an. Wo kein Weizen wächst, gedeihen Olivenbäume und Kiefern, deren Harz im Sommer gezapft wird. Die Winzer brauchen es zur Herstellung des Retsina-Weins. Mehrere Küstenorte besitzen Fischereihäfen, über die Tavernen,

Aristotelesstrand: Typisch für
die Küste der Kassándra

Hotel- und Restaurantpreise

Hotels
Kategorie 1: 17 000–40 000 Drs.
Kategorie 2: 10 000–17 000 Drs.
Kategorie 3: 5000–10 000 Drs.
Die Preise gelten für zwei Personen im Doppelzimmer ohne Frühstück in der Hauptsaison pro Nacht.

Restaurants
Kategorie 1: über 3000 Drs.
Kategorie 2: 2200–3000 Drs.
Kategorie 3: unter 2200 Drs.
Die Preise gelten für ein Essen mit Fleischgericht, Beilagen, Salat und einer halben Flasche Tafelwein.

Hotels und Bevölkerung ständig mit Frischfisch versorgt werden können.

Hauptort der Kassándra ist der Binnenort Kassandría. Er trägt den Namen einer antiken Stadt, die nach ihrem Gründer, dem makedonischen König Kassándros, benannt wurde. Sie lag allerdings an der Stelle des heutigen Néa Potidéa. Nach ihr wurde auch die zuvor Pallene geheißene Halbinsel in Kassándra umbenannt.

ÁFYTOS/KALLITHÉA

★ **(C 5)** Áfytos (840 Ew.) ist eins der schönsten Dörfer der Chalkidikí, das nur 3 km entfernte Kallithéa hingegen Geschmackssache. Während in Áfytos noch viele schöne, alte, aus unverputztem Naturstein erbaute Häuser aus dem letzten Jahrhundert stehen, wird Kallithéa vom Massentourismus geprägt. Gesichtslose Betonneubauten beherrschen den Ortskern, der wie der von Áfytos auf einer Anhöhe über dem Meer liegt. Am Strand von Kallithéa stehen vielgeschossige Mammuthotels, während man in Áfytos nur harmonisch in die Landschaft eingepaßte, kleine Hotelanlagen findet. Mit seinem rechtwinkligen, modern gepflasterten Fußgängerstraßennetz und dem gepflegten kleinen Park über der Küste gehört Kallithéa aber dennoch zu den angenehmeren Touristenzentren am Mittelmeer.

Das unterschiedliche Aussehen der beiden Orte hat historische Gründe. In der Antike gehörte das Gebiet von Kallithéa zur schon im 8. Jh. v. Chr. von euböischen Kolonisten gegründeten Stadt Áfytos. Der Ort blieb ununterbrochen besiedelt. 1821 von den Türken zerstört, erbaute man ihn kurz darauf neu. Auf dem Gebiet von Kallithéa hingegen lagen nur einige Heiligtümer; als Siedlung wurde es erst

Am Strand von Áfytos starten im Juli Langstreckenschwimmer

MARCO POLO TIPS FÜR DIE KASSÁNDRA

1 Yaloo Beach Bar
Elegante Cocktail-Bar unmittelbar am Strand von Sivíri (Seite 45)

2 Schildkrötensee
Ein Naturidyll mitten im Wald (Seite 35)

3 Sani Beach Holiday Resort
Luxuriöse Unterkünfte vom Zimmer bis zur Villa (Seite 43)

4 Kakavia
Einfache Fischtaverne in Néa Fokéa mit schönem Ausblick (Seite 43)

5 Kassandrinó
Ein Bergdorf mit guten Tavernen (Seite 45)

6 Áfytos
Ein Dorf mit vielen schönen alten Häusern (Seite 30)

7 Dia Chiros
Eine Antiquitätenhandlung wie ein Freilichtmuseum (Seite 43)

8 Panagía Faneroméni
Eine Kapelle mit wundertätiger Ikone direkt am Meer (Seite 38)

1922 durch Flüchtlinge aus Kleinasien gegründet.

Was die Übernachtungszahlen betrifft, läuft Kallithéa Áfytos heute bei weitem den Rang ab. Wer Beschaulichkeit, Flair und die kosmopolitische Atmosphäre eines sommerlichen ✦ Dorfplatzes schätzt, wird sich in Áfytos wohler fühlen. Wer mehr Wert auf Shopping und Nightlife legt, ist hingegen in Kallithéa besser aufgehoben.

BESICHTIGUNGEN

Dimitrios-Kirche

Die 1858/59 aus Naturstein erbaute Dorfkirche von Áfytos besitzt innen schöne Holzschnitzarbeiten und am Glockenturm durch ihre Naivität reizvolle Reliefs. Das schönste zeigt zwei Menschen, die zwischen sich ein Gebäude, wahrscheinlich ein Modell der Kirche, halten. Unmittelbar vor der Kirche wurden 1996 bei Ausschachtungsarbeiten auf der Dorfstraße zufällig Überreste der antiken Stadt Áfytos gefunden, darunter mehrere Tongefäße, die Knochen und Schädel enthielten. Das winzige Ausgrabungsareal wurde sofort durch eine niedrige Steinmauer abgesichert. Man ist stolz auf diesen Beweis für das hohe Alter des Dorfes und hofft, daß weitere Grabungen in den nächsten Jahren mehr zutage fördern werden. Dafür würde man sogar die Dorfstraße opfern. *Meist abends ab 18 Uhr geöffnet*

Steinmetzarbeiten

In Áfytos fallen überall Reliefs und Skulpturen aus dem lokalen Kalkstein auf. Sie sind das Werk des 1996 zum Bürgermeister gewählten Bildhauers Vassílis Pávlis. Seinem Engagement ist es auch zu verdanken, daß neue Natursteinmauern mit alten Mühlsteinen verziert werden. Sie tragen wesentlich zur Schönheit des Ortes bei.

Tempel des Ammon Zeus

Die bislang bedeutendste archäologische Stätte der Kassándra liegt arg verwahrlost in einem verwilderten Garten am Strand von Kallithéa. Es handelt sich dabei um die Fundamente eines Tempels aus dem späten 4. Jh. v. Chr. Er war im dorischen Stil erbaut worden und dem ägyptischen Gott Ammon geweiht, den die Griechen mit ihrem Göttervater Zeus gleichsetzten – daher der Doppelname. Die Ausgrabungen fanden um 1970 statt. Die dabei gemachten Funde sind jetzt im Archäologischen Museum von Polýgyros ausgestellt. Vor Ort erkennt man außer dem aus mächtigen Steinblöcken zusammengesetzten Tempelunterbau nur noch zwei in Richtung Hotel Ammon Zeus vorgelagerte Fundamentreste, die einst steinerne, im Ansatz stellenweise noch sichtbare Stufenreihen trugen. Auf ihnen nahmen die Menschen Platz, um an den Opferhandlungen teilzunehmen, die auf einem Altar zwischen den beiden Zuschauerrängen vollzogen wurden. Vom Strandhotel Ammon Zeus aus geht man den Strand entlang am Hotel vorbei und an der sich anschließenden Mauer entlang. Wo sie endet, biegt man sofort nach links auf die Rampe zur neuen Uferpromenade ab, geht 2 m weiter links 5 Stufen hinauf und gelangt durch ein rostiges Tor auf die Gartenterrasse, auf der die Tempelreste zwischen kleinen Linden und Pistazienbäumen stehen. Festes Schuhwerk und lange Hosen sind zu empfehlen, da es hier Schlangen gibt!

RESTAURANTS

Hallas

Restaurant mit Dachterrasse an der Hauptstraße der Fußgängerzone. Große Auswahl an griechischen Gerichten und Steaks. *Kallithéa, Kategorie 2*

Haupthaus des Hotels Alexander the Great

Paradosi

Einfaches Restaurant, nur Plätze im Freien zwischen den Mauerresten eines traditionellen Hauses. Abends Menü zum Preis eines Hauptgerichts. Die Wirtin vermietet auch zwei Apartments. *Áfytos, im Zentrum, ca. 70 m vom Dorfplatz, Kategorie 3*

Sousourada

Gepflegte Taverne gleich neben dem Bäcker. Spezialität ist *arní passkalíno*, im Backofen mit Zwiebeln und Trockenpflaumen gegartes Lamm. Neun Ouzo-Sorten zur Auswahl, gute Weine. *Áfytos, von der Dorfkirche dem Schild zum Strand folgen, erste Straße rechts*

EINKAUFEN

In Áfytos gibt es nur wenige Souvenirgeschäfte, umso mehr dafür in der Fußgängerzone von Kallithéa.

HOTELS

Afitis

Am Strand von Áfytos gelegenes, zweigeschossiges Hotel mit Ziegeldach und eigener biologischer Kläranlage. Pool, Tennisplatz. *36 Zi., Tel. 0374/912 33, Fax 915 46, Kategorie 1*

Alexander the Great

�△ Zwischen Áfytos und Néa Fokéa ruhig am Hang oberhalb der Küstenstraße gelegenes Hotel mit einem viergeschossigen Haupthaus und fünf zweigeschossigen Nebenhäusern. Poolterrasse mit phantastischem Meerblick; zum fast nur von Hotelgästen genutzten Strand führen ein Lift und eine Treppe. Nur mit Halbpension. *200 Zi., Tel. 0374/915 68 , Fax 911 24 , Kategorie 1*

Ammon Zeus

In Kallithéa. Fünfgeschossiges Strandhotel mit Pool unterhalb des Ortszentrums. *112 Zi., Tel. 0374/223 56, Fax 232 31, Kategorie 1*

Ikaros

In Áfytos. Kleines, familiär geführtes Apartmenthaus am Steilufer, nur 5 Minuten vom Strand und 2 vom Ortszentrum entfernt. Von der Dorfkirche dem Schild zum Strand folgen, zweite Straße rechts. *Tel. 0374/912 33, Kategorie 3*

SPORT

Alle Arten von Wassersport (außer Tauchen mit Sauerstoffflaschen) vor den großen Hotels. Mitte Juli veranstaltet der Jugend-Kulturverband *Sithon* seit 1971 ein Langstreckenschwimmen von Áfytos nach Nikítas auf der Sithonía. Wer die 25 km mitschwimmen möchte, muß sich spätestens bis zum 31. Mai angemeldet haben. *Informationen versenden der Deutsche Schwimm-Verband in Kassel, Tel. 0561/94 08 30 und E. E. NN. Sithon, GR-30088 Nikíti/Chalkidikí*

AM ABEND

Ahoy

🕴 In Kallithéa. Open-air-Disko außerhalb des Ortszentrums im Hinterland des Mammuthotels Athos Palace.

Eros

◈ Sommer-Bouzouki, in der während der kurzen Hochsaison

abends griechische Live-Musik gespielt wird, zu der Griechen und Touristen tanzen. Getrunken wird vor allem Whisky. *Neben der Disko Ahoy*

Fortuna Bar

◀▷ Bar in Áfytos. Zwei Terrassen über dem Steilufer mit gemäßigter Pop-Musik und schönem Blick auf den Strand und die Bergketten im chalkidischen Binnenland. In der Zeit der Dämmerung am stimmungsvollsten. *Ganztags geöffnet, vom Dorfplatz dem Steiluferweg nach links ca. 200 m weit folgen*

La Luna

◀▷ In Kallithéa. Cafeteria mit zwei Terrassen am Steilufer über dem Hotel Ammon Zeus. Relativ ruhig, schöner Blick auf die Sithonía. *Zugang vom Park an der Hauptstraße im Zentrum*

AUSKUNFT

Afitos Holidays Travel

Áfytos, Am Dorfplatz, Tel. 0374/ 915 00, Fax 911 50

Penta Travel

Kallithéa, An der Hauptstraße, Tel. 0374/224 50, Fax 224 57

ZIELE IN DER UMGEBUNG

Kassandría   (C 5)

Der auch Kassandreía geschriebene Hauptort des Landkreises Kassándra (2540 Ew.) liegt 4 km von Kallithéa entfernt im Binnenland. Am interessantesten ist er am Samstagmorgen, wenn hier ein großer ◆ Wochenmarkt stattfindet. Auf über 500 m Länge sind dann die Stände von Bauern und fahrenden Händlern entlang der Hauptgassen aufgereiht. Ansonsten bummelt man durch die Gassen, sieht mehrere Häuser aus dem letzten Jahrhundert und mit etwas Glück den frühchristlichen Reliefbogen über der Westtür der Pfarrkirche. Er wurde im 7. Jh. für die Kirche des hl. Demetrios in Thessaloníki gemeißelt. Man bekommt ihn aber nur zu Gesicht, wenn die Kirche geöffnet ist. *Keine festen Öffnungszeiten, 5 km von Áfytos*

Kryopigí (Kryopiji)   (C 5)

Kryopigí (460 Ew.) liegt an einem Hang etwa 1 km vom Meer entfernt. Obwohl im 18. Jh. gegründet, bietet es kaum noch alte Bausubstanz. Zum unverbauten Sandstrand Pigadákia Beach führt eine ausgeschilderte Straße. An

---

Knorrige Olivenbäume

Auf der Chalkidikí weiß man, warum alte Olivenbäume manchmal so aussehen, als würden sich zwei Stämme innig umeinanderwinden. Man erzählt sich, Göttervater Zeus sei einmal hungrig über die Chalkidikí gewandert, aber niemand habe ihm zu essen gegeben. Nur ein altes Ehepaar, das selbst meist hungrig zu Bett ging, teilte mit ihm den letzten Happen. Zeus bedankte sich auf seine Art: Die beiden bekamen einen Wunsch frei. Zusammen zu sterben, war ihr einziges Begehren. Als ihr Tag gekommen war, verwandelte der Göttervater sie in zwei alte, knorrige Olivenbäume, deren Stämme sich innig umschlingen.

Eines der Gebäude aus dem 19. Jahrhundert in Áfytos

der liegt zwischen Ort und Strand das ruhige *Hotel Ka-La* am Waldrand. An dessen Pool fühlt man sich fast wie in einem Waldschwimmbad *(20 Studios, Tel. 0374/516 03, Fax 524 80, Kategorie 2)*. In Kryopigí beginnt ein ausgeschilderter Rundwanderweg, der in etwa 5 Stunden nach Kassandrinó und wieder zurück führt. *8 km von Áfytos*

Schildkrötensee (C 5)

★ Ein Naturidyll verbirgt sich in den Kiefernwäldern zwischen Kryopigí und dem Kamm des Höhenrückens der Kassándra. Zwischen hohen, vom Wind gezeichneten Bäumen hat sich in einer etwa 100 m langen, 10 m breiten Senke ein kleiner See gebildet. In der Verlandungszone wachsen Binsen, am Ufer wuchert Farnkraut. Unzählige Libellen schwirren herum, Frösche quaken. Mit viel Glück sieht man eine Wasserschlange, mit etwas Geduld eine der vielen Schildkröten, die im See leben. Picknicktische und Bänke laden zum Verweilen ein.

Die Zufahrt zum See ist nicht beschildert. Fährt man von Kallithéa auf der Küstenstraße in Richtung Pefkochóri, zweigt kurz hinter der Kilometertafel 33 eine Straße nach rechts oben ab. An der Abzweigung steht ein nur auf griechisch beschrifteter Wegweiser (Ergostassio Kassandrinou). Folgt man dieser Straße, die anfangs unbefestigt, später asphaltiert ist, kommt man nach 1,9 km auf eine Paßhöhe. Hier führen nach links zwei gut befahrbare Wirtschaftswege ab. Man wählt den steil bergan führenden. 1,4 km weiter hält man sich an einer Verzweigung links. Schon 20 m weiter steht ein gelber Wegweiser nach Polýchrono. Hier fährt man den Feldweg nach rechts steil bergan. 700 m weiter liegt der Schildkrötensee rechts der Piste. Mit normalen Pkw kehrt man besser auf gleichem Weg zur Asphaltstraße zurück. Mit Jeep oder Motorrad kann man dem Feldweg weiter folgen und gelangt so nach Kassandrinó, wo auch die Asphaltstraße hinführt.

Schiffsausflüge

Sechsmal täglich fahren Boote ab Kallithéa nach Pórto Carrás auf der Sithonía. *Fahrplanauskünfte: Sithon Express, Tel. 0375/725 00 und 713 81*

CHANIÓTIS/ PEFKOCHÓRI

(**C 5**) Chaniótis (530 Ew.) und Pefkochóri (1150 Ew.) sind zwei für Griechenland sehr untypische Orte. Hier wurden Bausünden begangen, die inzwischen selbst viele Einheimische schmerzen. Im neuen Ortskern von Pefkochóri wurde der breite Uferstreifen zwischen Hauptstraße und Strand so eng mit Apartmenthäusern bebaut, daß durch viele Fenster kaum noch Tageslicht dringt. Zwischen den Häusern gibt es manchmal nur armlange Lücken. Trost ist hier das ältere Dorf auf der anderen Seite der Hauptstraße. Chaniótis ist nicht ganz so dicht bebaut, lebt aber ebenfalls nur vom Massenbetrieb. Hier erfreut eine bis zu 60 m breite Park- und Gartenanlage entlang des Strandes das leidgeprüfte Auge. Beide Orte sind bestenfalls Urlaubern zu empfehlen, die sich auch im spanischen Lloret de Mar oder im italienischen Rimini wohlfühlen.

Pefkochóri bestand schon im 18. Jh., Chaniótis wurde am heutigen Platz erst nach 1935 angelegt. Vorher gab es ein Dorf gleichen Namens 2 km weiter landeinwärts.

Altes Pefkochóri

Die beiden fast unmittelbar aneinander grenzenden Plätze im alten Ortskern von Pefkochóri sind 1996 ansprechend neu gestaltet worden. Auf den überall auf der Kassándra in Mode gekommenen rotgrauen Pflastersteinen hat man Springbrunnen angelegt, dazwischen Bäume und Sträucher gepflanzt. So wirken das kleine historische Rathaus und die Kirche *Agios Athanássios* noch idyllischer. Die Kirche wurde Mitte des 19. Jhs. erbaut und besitzt eine blau angestrichene Holzikonostase mit Ikonen aus dem 19. Jh. Die ebenfalls blau gehaltene Decke mit aufgemalten Sternchen symbolisiert den Himmel. Auf drei Seiten läuft eine Empore um, auf der sich früher während des Gottesdienstes die Frauen aufzuhalten hatten. Heute finden hier nur noch im Winter Gottesdienste statt; im Sommer werden sie in der nahen neuen Kirche *Kímisis tou Theotókou* zelebriert. *Alte Kirche meist ab 18 Uhr geöffnet, sonst Schlüssel im Restaurant Villa Elia. Platía Ríga Rigáki, von der Ampelkreuzung an der Hauptstraße durch die Odós Emmanouil Pápa zu erreichen*

Villa Elia

Taverne auf der Platía vor der Kirche im alten Ortskern. Hier herrscht noch echte Dorfatmosphäre. Sehr große Auswahl, darunter auch Suppen. Drei- bis viermal wöchentlich ab 20 Uhr griechische Live-Musik und Folkloretänze. *Platía Ríga Rigáki, Kategorie 2*

Petridis

Abseits des Trubels oberhalb des alten Dorfkerns von Pefkochóri in einem Neubaugebiet gelegen. Von Bäumen umstandener Pool. *50 Zi., Tel. 0374/616 03, Fax 617 34, Kategorie 2*

Alle Wassersportmöglichkeiten außer Tauchen mit Sauerstoffflaschen. Eine Go-kart-Bahn und ein Reitstall bieten ihre Dienste an.

Glarokavós (D 6)

Der flache Küstensee von Glarókávos, 4 km südöstlich von Pefkochóri gelegen, dient heute Fischerbooten und Yachten als sicherer Hafen. Seeseitig wird er von zwei schmalen, langgestreckten Landzungen umschlossen, zwischen denen eine nur etwa 20 m breite Öffnung die Verbindung zum Kassandrischen Golf herstellt. Die beiden Landzungen mit ihren Stränden werden bevorzugt von griechischen und osteuropäischen Campern besucht. Da die Landzungen nicht der Gemeinde, sondern dem Staat gehören, findet hier keine Abfallbeseitigung statt. So muß man die Hinterlassenschaften der Zeltenden vieler Jahre noch immer betrachten. Trotzdem wird hier gebadet.

Palioúri (Paliurion) (D 6)

Das 10 km von Pefkochóri entfernte Binnendorf Palioúri (730 Ew.) liegt an einem Hügel etwa 120 m hoch über dem Meeresspiegel. Unterhalb der Dorfkirche steht auf dem Platz vor dem Rathaus das Fragment eines römischen Sarkophags mit der Reliefdarstellung zweier Greifen und eines nackten Knaben. Der über 1 km lange Strand von Palioúri liegt an der Ostküste. Er ist noch weitgehend unverbaut. Ganz in seiner Nähe liegt das sehr familienfreundliche, von Kiefernwald umgebene Hotel *Chrousso Village* mit 80 Apartments für bis zu 4 Personen *(Tel. 0374/923 32, Fax 921 51, Kategorie 1).*

Panagía-Strand/ Ágios Nikólaos (D 6)

Auf der Spitze der Kassándra-Halbinsel stehen nur einige wenige Sommerhäuser; feste Siedlungen fehlen. An der Avin-Tankstelle an der Kassándra-Rundstraße am unteren Ende von Palioúri zweigt eine unbefestigte Straße dorthin ab. Hält man sich nach 1 km an der ersten Gabelung links (kleiner, nur griechisch beschrifteter Wegweiser nach Panagía) und biegt dann nach 900 m wieder links zur Küste ab, endet der Weg vor dem kuriosen Strandlokal ◆ *Avaton.* Mitten in die Einöde hat der Bauherr hier 1996 ein Freiluftgelände mit Bars, Restaurant, Strandterrasse und Open-air-Theater gesetzt, das voller Erinnerungen an die Antike ist. Fresken zieren viele Wände, ein Tempel ist nachgebaut, überall stehen neue Säulenstümpfe und Statuen herum. Unbestritten schön ist die kleine Ziegeldachkirche am riesigen Parkplatz. Sie ist der Panagía geweiht und stammt aus dem 18. oder 19. Jahrhundert.

Fährt man nun die 300 m zurück zur letzten Gabelung und dort links weiter und hält sich auch bei den nächsten beiden Gabelungen links, erreicht man nach 6,3 km die kleine Bucht von Ágios Nikólaos mit der gleichnamigen, künstlerisch bedeutungslosen Kapelle auf einer Landzunge zwischen zwei Buchten. Östlich davon ist *Kap Kanastréo* zu sehen, die Nordostspitze der Halbinsel.

Polýchrono   (D 6)
Polýchrono (830 Ew.) wirkt im Gegensatz zu Chaniótis wie ein bescheiden gewachsener Küstenort, der noch Luft zum Atmen läßt. Blumenrabatten und Lokale säumen die lange, schmale Uferpromenade, die leider auch für Kraftfahrzeuge freigegeben ist.

Schiffsausflüge
Kleine Linienschiffe verbinden Pefkochóri mehrmals täglich bis nach Mitternacht mit Pórto Carrás und Néos Mármaras auf der Sithonía. Mit Tragflügelbooten kann man im Sommer täglich Tagesausflüge zu den Inseln *Skiáthos* und *Skópelos* unternehmen, den Hauptinseln der nördlichen Sporaden.

KALÁNDRA/ NÉA SKIÓNI

(**C 6**) Der Küstenstreifen zwischen dem Binnendorf Kalándra (610 Ew.) und dem Fischereihafen Néa Skióni (830 Ew.) ist der touristisch am wenigsten erschlossene Teil der Kassándra. Neue Häuser gibt es hier dennoch jede Menge: vor allem großzügige Villen wohlhabender Städter aus Thessaloníki. Ausländische Reisende sind fast nur am Rande zu finden: auf dem kleinen Landvorsprung westlich von Kalándra und in *Loutrá Agíou Nikólaou* südöstlich von Néa Skióni.

BESICHTIGUNGEN

Panagía
1 km westlich von Kalándra steht auf einer kleinen Anhöhe, fürs geübte Auge weithin sichtbar, die kleine Kapelle der Allheiligen, der Panagía. Ein gut befahrbarer Feldweg führt hin. Vor der weißen Kapelle mit ihrem roten Ziegeldach ist zwischen zwei Zypressen eine Kette gespannt, an der die Kirchenglocke hängt. Die Kirche selbst ist verschlossen, doch durch die verglaste Tür kann man einen Blick hinein werfen. Man erkennt, daß innen Holzpfeiler das niedrige Dach stützen und sieht, daß die Kapelle nahezu vollständig ausgemalt ist. Die Fresken stammen aus dem Jahr 1619. Der Weg zur Kapelle zweigt von der Straße Kalándra–Possídi nach rechts ab. Man folge dem Wegweiser zur Kreatagora, einem Fleischgroßmarkt. Wer in die Kirche hinein will, muß in Kalándra den Dorfpriester suchen und ihn bitten, mitzukommen. Wenn er Zeit hat, wird er es tun, erwartet dafür aber ein Trinkgeld von mindestens 1000 Drs.

Panagía Faneroméni
★ Die kleine Kapelle 1500 m nach dem Ortsendeschild von Néa Skióni steht äußerst fotogen unmittelbar unterhalb der Küstenstraße am Meer. Zwischen Kirche und Strand laden blaue Holzbänke auf einer Terrasse zur

Rast ein. Sie ist insbesondere beim Kirchweihfest am 23. August gut gefüllt. Die Kapelle aus dem 16. Jh. gehörte bis 1881 zu einem Kloster und wurde im 17. Jh. mit teilweise erhaltenen Wandmalereien ausgestattet. Die in der Kapelle verehrte Ikone der Gottesmutter, auf verputzten Marmor gemalt, gilt als besonders wundertätig. Nach dem Volksglauben schwamm sie von Thessalien aus hierher. In der Ikone meint man noch die Fußabdrücke eines Türken zu sehen, der nicht glauben wollte, daß Marmorikonen schwimmen können, und deswegen auf sie trat. Wenn Griechenland etwas Böses widerfährt, weint die Ikone, wie eine Schrifttafel in der Kapelle berichtet. Letztmals soll sie 1993 Tränen vergossen haben, als die ehemals jugoslawische Teilrepublik Makedonien Besitzansprüche auf Thessaloníki erhob. *Tagsüber frei zugänglich*

I Elia

In Néa Skióni. Taverne mit schattigem Garten direkt am Strand. Sehr freundlicher Service, exzellenter Auberginensalat. Tresterschnaps Tsípouro, Retsína und Rotwein vom Faß. *Vor der Mole stehend links den Strand entlanggehen, Kategorie 3*

Mendi

Abseits der Küstenstraße von Kalándra nach Néa Skióni. Völlig ruhig in einem traumhaft schönen Garten mit Olivenbäumen, Palmen, Araukarien und Oleander oberhalb eines 3,5 km langen Strandes gelegen. Pool, Tennisplatz, Minigolf, eigener Moped- und Autoverleih. *172 Zi., Tel. 0374/413 23, Fax 413 26, Kategorie 2*

Agía Paraskevi (D 6)

❂ Das Binnendorf zwischen den beiden Küsten der Kassándra liegt abseits der Hauptstraße und wird von Fremden nur selten besucht. Am nördlichen Ortsrand beginnt ein mit »Route K4« ausgeschilderter Wanderweg, der in etwa 4 Stunden nach Chaniótis und Néa Skióni oder in 6 Stunden nach Kassandrinó führt.

Loutrá (Lutra) (C 6)

Der kleine Badeort unterhalb der Hauptstraße ist ideal für einen beschaulichen Urlaub. Man

Satte Farben im Frühling in der Umgebung von Loutrá

wohnt sehr gut im familiären, fast völlig von Bougainvilleen umrankten *Hotel Loutra Beach* (22 Zi., Tel. 0374/710 00, Fax 714 84, Kategorie 2) und kann an verschiedenen Stränden in der Umgebung baden. Kurios, aber wohltuend ist auch ein Thermalbad im äußerst primitiven ✪ *Kurhaus* von Loutrá auf einer Anhöhe über dem Meer. Das schwefelhaltige Wasser, das in kleinen Höhlen im Fels entspringt und heraufgepumpt wird, soll u. a. bei Rheuma, Hautpilz und Ekzemen helfen. Im Kurhaus mit zum Teil zerbrochenen Fensterscheiben werden sogar Massagen verabreicht.

Móla Kalyvá (C 6)
Die Siedlung an der Straße zwischen Néa Skióni und Kalándra beeindruckt durch große Villen wohlhabender Städter mit gepflegten Gärten und schöner Blütenpracht in Rot, Orange und Violett.

Possídi (C 6)
Bei Kalándra ragt ein kleiner Landvorsprung in den Thermäischen Golf hinein, dessen Spitze, Kap Possídi, einen 1864 erbauten Leuchtturm trägt. Kilometerlange Strände laden zu ausgedehnten Strandspaziergängen ein. Am Strand von *Aigiopelagítiko* steht das exzellente Hotel *Possídi Holidays* mit Tennisplätzen und Pool (119 Zi., Tel. 0374/421 03, Fax 420 28, Kategorie 1), im 3 km entfernten Küstenweiler Possídi kann man über und hinter der 🏃 Fischtaverne *Tò Poseidí* in einem der 12 Apartments wohnen (Tel. 0374/412 63, Kategorie 3).

Der Kanal von Néa Potidéa hat eine zweitausendjährige Geschichte

NÉA FOKÉA / NÉA POTIDÉA

(**C 5**) Der nördliche Teil der Kassándra ist waldarm. In der nur ganz flach gewellten Landschaft dehnen sich weite Getreidefelder aus. An der Westküste erstrecken sich unendlich scheinende Sandstrände zumeist vor einem rötlich schimmernden Steilufer. An der Ostküste wechseln längere Strandpartien mit felsumrahmten Sand- und Kiesbuchten ab. Eine solche Bucht bildet auch den Hafen von Néa Fokéa (1530 Ew.), der nur aus einem kurzen Anleger besteht. Die meisten kleinen Fischerboote ankern im flachen Wasser und legen nur zum Entladen ihrer Fänge an. Der Ort selbst, von Kleinasienflüchtlingen nach 1922 neu gegründet, breitet sich landeinwärts entlang der Küstenstraße aus und neuerdings auch auf einem kleinen Plateau über dem Steilufer.

Néa Potidéa (1100 Ew.) hingegen ist ein Ort an zwei Golfen: Sein neuerer Teil liegt am Kassandrischen Golf, sein älterer am Thermäischen Golf. Besonderen Reiz gewinnt Néa Potidéa durch seine Lage am Kanal, der die Kassándra zur Insel macht, und durch die verstreuten Überreste einer mittelalterlichen Stadtmauer.

Das touristische Zentrum der nördlichen Kassándra sind allerdings nicht diese beiden Orte, sondern der ausgedehnte Komplex des Sani Beach Holiday Resorts, bestehend aus Hotels und Villen, eigener Marina und eigenem Shuttle-Bus-Service. Nicht unerwähnt bleiben dürfen drei Punkte, die in vielen Landkarten wie touristische Sehenswürdigkeiten eingezeichnet, in Wirklichkeit aber Gefängnisse sind: die Fylakes Kassándras, Karakálou und Xenofóntos. Hier verbüssen Häftlinge minder lange Strafen und werden mit landwirtschaftlicher Arbeit beschäftigt.

BESICHTIGUNGEN

Ausgrabungen von Sani

Nördlich des Hotels Sani Beach legen Archäologen seit April 1996 mit finanzieller Unterstützung der Hotelgesellschaft einen spätantik-frühchristlichen Friedhof frei, zu dem mit größter Wahrscheinlichkeit auch eine Siedlung gehörte. Zunächst legte man 18 christliche Familiengräber aus dem 4.–6. Jh. frei, die zumeist aus Steinen antiker Bauten errichtet waren. In den Gräbern fand man Schmuck, Öllampen und einige Münzen. Südlich der Gräber konnte ein römisches Landgut nachgewiesen werden, in dem zahlreiche Kupfermünzen aus dem frühen 5. Jh. herumlagen. Der verantwortliche Archäologe, Ioakim Papangelos, vermutet, daß die Bewohner der Siedlung hauptsächlich von der Salzgewinnung aus einer Saline lebten. Die Ausgrabungen werden fortgesetzt; über die neuesten Ergebnisse informiert von Zeit zu Zeit das Hotel Sani Beach.

Höhlenkirche von Néa Fokéa

Nur wenige Schritte von der idyllischen Hafenbucht entfernt liegt jenseits der Küstenstraße eine der interessantesten Kapellen der Kassándra: die Höhlenkirche *Ágios Pávlos.* Zunächst sieht man nur einen zementierten Vorplatz,

Schafherde unweit der Ausgrabungen von Sáni

in dessen Mitte ein Blumenbeet einen einzelnen Ölbaum umrandet. Dann entdeckt man am niedrigen Fels die kleine, weiß gekalkte Kapellenwand. Durch eine nur brusthohe Tür und über mehrere Stufen betritt man einen winzigen Vorraum, in dem auf gekachelten Plattformen Ikonen aufgestellt sind. Weitere Stufen führen in einen schmalen, dunklen Gang hinunter. Man glaubt, in einem Grab zu stehen – und liegt damit ganz richtig. Bei der ganzen Anlage handelt es sich um ein makedonisches Grab, vielleicht aus dem 4. Jh. v. Chr. An der Hafenbucht steht auf der Landseite der Uferstraße ein kleiner Wegweiser mit der Aufschrift Macedonian Tomb. Schon 20 m weiter liegt rechts die Kapelle.

Kanal von Potidéa
In seiner heutigen Form durchschneidet der Kanal die Kassándra seit 1930. Erwähnt hat ihn aber schon der vielgereiste Schriftsteller und Geograph Strabo (64 v. Chr. – 20 n. Chr.). Während des griechischen Freiheitskampfes gegen die Türken vertieften ihn die aufständischen Chalkidiker, um den Feinden den Zutritt zur Kassándra zu erschweren. Daraufhin warfen die Türken Schafwollballen hinein, um sich so eine Furt zu schaffen. Sie sind längst wieder weggeräumt, denn der Kanal erfüllt vor allem für größere Fischkutter eine wichtige Funktion. So hat man am östlichen Kanalausgang auch einen gutbesuchten Fischereischutzhafen angelegt.

Stadtmauerreste von Potidéa
In der Antike und in byzantinischer Zeit wurde der Zugang zur Kassándra zusätzlich zum Kanal auch noch durch eine 1200 m lange Mauer geschützt. Teile von ihr sind entlang des Kanals mehrfach zu sehen. Am besten erhalten ist die Mauer am westlichen Kanalende. Dieser Abschnitt stammt wahrscheinlich aus dem 6. Jahrhundert.

Türme von Néa Fokéa und Sáni

Bis 1922/23 besaßen die Athos-Klöster große Ländereien auf der Kassándra. An mehreren Stellen nahe dem Meer errichteten sie festungsartige Türme. Sie dienten ihnen als Verwaltungssitz und vor allem als Lager für die Ernteerträge. Der Turm über der Hafenbucht von Néa Fokéa ist 17 m hoch, der auf dem Gelände des Hotels Sani Beach ist noch in 8 m Höhe erhalten. Beide stammen wohl aus dem 15. Jahrhundert.

RESTAURANTS

Kakavia

★ Fischtaverne an der Hafenbucht von Néa Fokéa. Hier werden nicht die allerorts üblichen Pommes frites als Beilage serviert, sondern gekochte Kartoffeln. *Kategorie 2*

Ta Kastra

In Néa Potidéa am Kanal. Gutes Fischrestaurant mit schönem Ausblick und relativ moderaten Preisen. *Kategorie 2*

EINKAUFEN

Dia Chiros

★ Gute Antiquitätenhandlung an der Einmündung der Straße vom Hotel Sani Beach auf die Küstenstraße. Viel Keramik, Möbel, alte landwirtschaftliche und bäuerliche Geräte, aber auch Schmuck und Kleinigkeiten. Durch die große Freiluftausstellung leicht erkennbar.

Fournos to Limani

Dependance einer Edel-Bäckerei und Patisserie aus Thessaloníki im Porto Sani Village kurz vor dem Hotel Sani Beach.

Vilderidis

Dependance eines renommierten Juweliers im Porto Sani Village.

HOTEL

Sani Beach Holiday Resort

★ Das seit 1962 auf 400 Hektar Fläche am Thermäischen Golf entstandene Ferienresort besteht aus vier verschiedenen Teilen: dem luxuriösen Apartment-Hotel Porto Sani Village, dem erstklassigen Hotel Sani Beach, der Bungalowanlage Sani Beach Club und der Landhaussiedlung Sani Villas. Die Einrichtungen aller vier Komplexe können von jedem Gast des Resorts genutzt werden. Vom Night Club bis zur eigenen Marina, vom Kinderclub mit eigenem Wanderangebot bis zum Pendelbus zwischen den verschiedenen Anlagen fehlt nichts. Wer will, kann sich hier auch seine eigene Villa kaufen. Insgesamt 807 Wohneinheiten und eine schwankende Zahl von Villen werden vermietet. Da nahezu alle europäischen Reiseveranstalter das Resort im Programm haben, lohnt ein Preisvergleich. *Zentralbüro: Tel. 0374/312 31, Fax 312 93. Kategorie 1*

AM ABEND

Edem

◉ Eine überhaupt nicht um Touristen werbende Bouzouki an der Straße zwischen Néa Potidéa und Néa Fokéa. Hier treten griechische Musiker und Sänger live auf; das fast ausschließlich griechische Publikum tanzt dazu und läßt in guter Stimmung auch schon einmal die Teller fliegen. Standardgetränk ist Whisky, der flaschenweise bestellt wird. Vor 23 Uhr ist nichts los, die Stimmung ist nach Mitternacht am besten. *Nicht regelmäßig geöffnet; Konzerte werden durch Aushang angezeigt*

Kastro Club

🕴 In Néa Potidéa am Ufer des Thermäischen Golfes. Stimmungsvolle Terrasse mit kleinen Balkonen über einem schmalen Sandstrand, wo man sich abends zu guter Musik trifft und manchmal auch auf dem Sand tanzt. *An der Uferstraße, ca. 200 m vom Hafen*

Metochi

🔅 Freiluftbar auf mehreren Terrassen zwischen der Hafenbucht von Néa Fokéa und dem Turm. Besonders schön während der Dämmerung.

In Ermangelung eines offiziellen Auskunftsbüros wendet man sich bei komplizierteren Fragen am besten an die hilfsbereite Rezeption des Hotels Sani Beach.

SIVÍRI/ SKÁLA FOÚRKAS

(**C 5**) Das heute meist Paralía Foúrkas genannte Skála Foúrkas und das benachbarte Sivíri sind zwei Strandsiedlungen, die erst durch den Tourismus und die vielen Sommervillen und Aparthäuser der Stadtbevölkerung aus Thessaloníki zu Orten geworden sind. Vorher waren sie jeweils nur die Bootslandeplätze für die Fischer aus den Binnendörfern Kassandría und Foúrka. Während Paralía Foúrkas sich überwiegend flach in einer kleinen Küstenebene erstreckt, dehnt sich Sivíri mit seinem großen Neubauviertel in einem breiten Flußtal bis ans Meer aus. Beide Orte besitzen schöne Sandstrände und gute Tavernen; Großhotels fehlen noch.

Ausländische Touristen sind hier viel seltener als in den Badeorten an der Ostküste; selbst das Programm für das Kassándra Festival im Freilichttheater von Sivíri wird deshalb nur auf griechisch bekanntgegeben. Sehenswürdigkeiten gibt es ebensowenig wie Museen.

Diamántis

In Sivíri. Gute Fischtaverne unmittelbar am Strand. Kategorie 2

Giannis

In Paralía Foúrkas. Fischtaverne in einem älteren, weiß-blau verputzten Haus am Strand nahe der Platía. Jeden Dienstagabend griechische Live-Musik. *Kategorie 2*

Manolis Karagounis

Laden und Werkstatt eines Töpfers aus Thessaloníki. *Tgl. 10–13 und 18–22 Uhr, 30 m von der Platía an der Fußgängergasse*

Ioli

In Paralía Foúrkas. Apartments mit 2–6 Betten in zweigeschossigen Häusern nahe der Platía, umgeben von einem 1982 angelegten Garten. 50 m zum Strand. *60 Apartments, Tel. 0374/417 79, Fax 423 92, Kategorie 2 und 3*

Iris

Am landseitigen Ende von Sivíri am Rande von Getreidefeldern gelegenes Hotel mit mehreren zweigeschossigen Einheiten. Große Rasenflächen, Pool, 600 m zum Strand. *48 Zi., Tel. und Fax 0374/245 10, Kategorie 2*

AM ABEND

Yaloo Beach Bar

★ Bar auf einer großen Terrasse mit Pool direkt am Strand am südlichen Ortsende von Sivíri. Große Auswahl an Whiskys und Cocktails. *Auch tagsüber geöffnet*

AUSKUNFT

Tourist-Information der Gemeinde Foúrka in einem Container auf der *Platía von Paralía Foúrkas. Nur im Juli/Aug. besetzt*

ZIELE IN DER UMGEBUNG

Foúrka   (C 5)

Das Binnendorf (680 Ew.) liegt am rechten Ufer eines im Sommer ausgetrockneten, breiten Flußbettes. Ein kurzer Bummel durch den Ort führt an einigen Häusern aus dem letzten Jahrhundert vorbei zu zwei Kirchen. Die große Pfarrkirche *Tríon Ierárchon* aus dem Jahr 1830 ist innen ganz in Pastelltönen gehalten; die nur 50 m entfernte Kapelle *Agía Paraskeví* aber ist weitaus interessanter. Sie besitzt eine schöne hölzerne Ikonostase und eine Frauenempore. Eine weitere Kapelle steht auf dem Dorffriedhof auf der anderen Seite des Flußbettes. Sie wird nicht mehr genutzt, außer von Schwalben, die ein und aus fliegen. An der Westwand ist noch

Imker und Bienenstöcke auf dem Kassándra-Höhenweg

ein Fresko aus dem 17. Jh. zu erkennen, das Mariä Entschlafung darstellt.

Kassandrinó   (C 5)

★ Das kleine Dorf (350 Ew.) liegt zwischen grünen Hügeln versteckt und besitzt noch viele alte Häuser aus dem 19. Jh. Die Dorfkirche wurde 1988 teilweise im traditionellen Stil neu angemalt. Wie pragmatisch die Griechen mit ihren Heiligen umgehen, zeigt die Westwand des Gotteshauses: Auf die hl. Michail und Sabbas wurde ein Sicherungskasten montiert. Die beiden Tavernen *To Stéki tou Vasíli* am Kirchplatz und *O Zachos* an der Hauptstraße sind wegen ihres gegrillten Lamm- und Ziegenfleisches einen Besuch wert *(beide Kategorie 3)*. Am westlichen Ortsende von Kassandrinó beginnt ein ausgeschilderter Wanderweg, der in etwa 3 bis 4 Stunden hinüberführt in den Küstenort Kryopigí.

45

Badeparadies vor schöner Bergkulisse

Auf dem Mittelfinger gibt es mehr Strände als Dörfer

Der 50 km lange und bis zu 30 km breite mittlere Finger der Chalkidikí ist gebirgiger, wilder und weniger dicht bevölkert als die Kassándra. Ein Gebirge durchzieht ihn von Nord nach Süd. Dessen höchster Gipfel, Itamos oder auch Dragoudéli genannt, steigt immerhin auf 808 m Höhe an (auf manchen Karten wird seine Höhe nur mit 753 m angegeben). Zusätzlichen Reiz gewinnt der Höhenzug durch vorgelagerte einzelne und Hügelketten. Im grellen Tageslicht erscheinen sie oft wie ein einziger Block. In der Dämmerung aber erkennt man deutlich die vielgliedrige Staffelung der graublauen Bergketten. Große Teile der Sithonía sind mit Kiefern bewachsen, weite Getreidefelder wie auf der Kassándra fehlen fast völlig. In den Wäldern gibt es noch Schakale und Geier. Viele Imker stellen in den Wäldern ihre Bienenstöcke auf. Sehr auffällig sind in Teilen der Sithonía, insbesondere an der Ostküste, die großen Mandra: Einfache, meist kreisförmige Schaf- und Ziegenpferche mit einfachen Stallungen, in denen die Tiere zwischen Mitte Oktober und Anfang Juni gehalten werden. In den Sommermonaten werden sie dann in die Berge getrieben.

Die wichtigsten Arbeitgeber der Halbinsel sind die Großhotels und das Spielkasino von Pórto Carrás sowie Weingut und Kellerei der Domaine Carrás. Weit weniger Hotels als an der Westküste stehen an den zahllosen Strandbuchten der Ostküste. Optische Paradiese sind sie dennoch nicht völlig uneingeschränkt: Viele Strände auf der Sithonía werden von einer endlosen Reihe von Wohnwagen gesäumt, die Griechen hier fürs ganze Jahr deponiert haben.

METAMÓRFOSIS/ NIKÍTAS

(**D 4**) Metamórfosis (380 Ew.) und Nikítas (2450 Ew.,), auch Nikíti genannt, sind beides vielbesuchte Badeorte. Den besonderen Reiz von Metamórfosis macht ein niedriges, rötlich schimmerndes Steilufer aus, unter dem sich ein langes Sandstrandband entlangzieht. Insbesondere im Ortsbereich ist dieses Ufer bewaldet. In

Frühling bei Parthenónas

Nikítas ist der Strand landschaftlich weniger idyllisch, aber ebenso sandig und lang. Gegenüber Metamórfosis hat Nikítas den Vorteil, nicht nur Ferienort zu sein. Nikítas ist deutlich zweigeteilt. Zwischen Hauptstraße und Meer liegt der neuere, nach 1922 entstandene Teil mit Hotels, Geschäften, Tavernen und Pensionen, auf der anderen Seite der Hauptstraße erstreckt sich das alte Nikítas weit landeinwärts. Hier findet man noch eine Reihe alter Häuser aus dem 19. Jh. und typisch dörfliche Atmosphäre.

kítas. Unmittelbar daneben steht auf einem Friedhof eine kleine Kapelle aus dem 16. Jh. Ein kleiner Teil ihrer Wandmalereien ist in schlechtem Zustand an der südlichen Außenmauer erhalten. Man erkennt die hagere Eremitinnengestalt der hl. Maria von Ägypten, die vom hl. Zosimus das Abendmahl empfängt, und darüber die Darstellung der heiligen Dreifaltigkeit. Zu erkennen sind noch die drei (heute kopflosen) Engel, die von Abraham und seiner Frau Sarah bewirtet werden.

BESICHTIGUNG

Friedhofskirche in Alt-Nikítas
Am innersten Ende des alten Teils von Nikítas erhebt sich auf einem Hügel am Ortsrand die 1867 erbaute Kirche des hl. Ni-

RESTAURANTS

Perigiali
Am südlichen Ortsrand von Metamórfosis. Taverne mit schöner Terrasse, 20 m vom Strand entfernt. *Kategorie 2*

MARCO POLO TIPS FÜR DIE SITHONÍA

1 **Kloster Evangelismós**
Ein Nonnenkloster wie eine kleine Stadt (Seite 51)

2 **Hotel Virgina in Eliá**
Am Steilufer zwischen Kiefern gelegen (Seite 49)

3 **Hotel Sweet Home in Néos Mármaras**
Kleines Stadthotel mit ganz familiärer Betreuung (Seite 53)

4 **Hotel Pontos in Sárti**
Badehotel für junge Leute (Seite 57)

5 **Taverne Ta Kymata in Néos Mármaras**
Tische und Stühle auf Sand (Seite 52)

6 **Molos A Seaside Story**
Cocktails auf schwankendem Ponton (Seite 55)

7 **Casino Magic**
Ein Hauch von Las Vegas in Griechenland (Seite 55)

8 **Hellas Bike Travel**
Mountainbiking auf der Chalkidikí (Seite 54)

9 **North Aegean Diving Centre**
Die einzige Tauchschule weit und breit (Seite 57)

10 **Creations Yiany**
Preiswerter Silberschmuck aus eigenem Atelier (Seite 57)

Vasilis

An der Platía von Metamórfosis. Einfache Taverne mit großer Auswahl, die immer Moussaká und gefüllte Tomaten anbietet. *Kategorie 3*

Sargani

Bei Metamórfosis. Große, clubähnliche Anlage nahe dem Strand mit großem Pool und unaufdringlicher Animation. Zimmer in vielen Einzelhäusern, die vorwiegend aus Holz und Stein erbaut sind; im Restaurant wird nach Möglichkeit Obst und Gemüse aus ökologischem Anbau serviert. Etwa 1,5 km außerhalb des Ortes. *70 Zi., Tel. 0375/613 34, Fax 614 21, Kategorie 2*

Symeon

In Metamórfosis. Familiär geführtes, einfaches Hotel nahe der Platía, 100 m vom Strand. *25 kleine Zi., Tel. 0375/614 74, Fax 611 34, Kategorie 2*

Toroneos

850 m vom Zentrum von Nikítas entfernt. Harmonisch in die grüne Landschaft eingefügtes Hotel, etwa 150 m vom Strand. Am Pool kann man nicht nur unter Sonnenschirmen, sondern auch unter grünen Blätterdächern liegen. An der Poolbar werden in Griechenland noch seltene alkoholfreie Cocktails angeboten. *65 Zi., Tel. 0375/229 70, Fax 231 90, Kategorie 1*

Fahrradvermietung an der Hauptstraße in Metamórfosis. Wassersportschule am Lago-mandro-Strand. Dort auch Vermietung von Motorbooten; bis zu 25 PS auch an Fahrer ohne Bootsführerschein.

Aigaion

In Metamórfosis. Open-air-Bar mit Meerblick im Park an der Platía.

Eliá (D 5)

Zwischen Nikítas und Néos Mármaras liegen viele kleine Buchten zwischen Steilufern, erstrecken sich kleine Strände unmittelbar unterhalb bewaldeter Kliffe. Ein besonders schöner Abschnitt ist der in der Gemarkung Eliá. Dort steht mit dem ★ *Hotel Virgina* auch ein sehr empfehlenswertes Hotel zwischen Kiefern am Klippenrand. Die Bäume sind höher als das Gebäude, Ruhe ist garantiert. *15 Zi., Tel. 0375/812 81, Fax 812 83, Kategorie 1*

Frühchristliche Basiliken (D 4)

Südlich des heutigen Dorfes Nikítas entstand in hellenistischer Zeit eine Siedlung in einer Gemarkung, die heute als Ágios Geórgios bekannt ist. Alles, was davon erhalten blieb, sind die Grundmauern zweier frühchristlicher Basiliken. Sie entstanden im 5. Jh. und wurden schon im 6. Jh. zerstört. Die Mauern stehen noch hüft- bis brusthoch. Man erkennt Säulenbasen und umgestürzte Säulen. Über einer der beiden Basiliken steht heute eine Kapelle. Hier kann man drei Schritte südlich der Kapellenwand auch noch zwei frühchristliche, von einem gemauerten Ge-

Wie eine kleine Stadt wirkt das Nonnenkloster Evangelismós

wölbe überspannte Gräber im
Boden sehen. Man zweigt von
der Straße in Richtung Néos
Mármaras 800 m nach der Ampelkreuzung von Nikítas an der
Bäckerei Christos nach rechts ab
und folgt dem kleinen Wegweiser zum Camping Nikiti. 1,5 km
weiter erreicht man die Kapelle
über der Basilika. Geht man ein
paar Schritte zurück, steht man
vor der eingezäunten zweiten
Basilika.

Kapelle Ágios Pávlos (D 5)

Einer örtlichen Legende zufolge
ist der Apostel Paulus während
einer seiner Missionsreisen auch
auf die Sithonía gekommen. Als
er Durst verspürte, spaltete er einen Felsen, aus dem daraufhin
köstliches Quellwasser floß. Dieser Quell ist heute gefaßt und
sprudelt noch immer unmittelbar

neben der für den Apostel errichteten Kapelle. Sie liegt in 250 m
Höhe abseits aller Dörfer. Ein
2600 m langer Fahrweg führt
von der Küstenstraße Richtung
Néos Mármaras aus hin. *300 m
nach der Kilometertafel 47 links in einen nur auf griechisch ausgeschilderten
Waldweg abbiegen*

Kloster Agíou Ioánnou
Pródromou (D 4)

◆ Die Kirche dieses Nonnenklo-
sters 2,5 km außerhalb von Metamórfosis ist mit neuen Fresken
im byzantinischen Stil ausgestattet. An der Decke der mittleren
Apsis erkennt man das Pfingst-
wunder und Christi Himmelfahrt. An der Decke der rechten
Apside sind Jesu Geburt und der
Kindermord von Bethlehem dargestellt. An der Decke des rechten Querschiffs ist Christi Ver-

klärung zu sehen. Aus der Kuppel blickt Christus als Weltenherrscher, als Pantokrátoras, herab. *Zufahrt von der Küstenstraße aus genau an der Stelle, wo auch die Straße ins Dorf Metamórfosis abzweigt*

Kloster Evangelismós (C 4)

★ ✪ Das wie eine kleine, von Mauern umgebene Stadt wirkende Nonnenkloster wurde erst 1974 auf Initiative eines Athos-Klosters mit neuem Leben erfüllt. Seit dem 13. Jh. lag an dieser Stelle ein Klostergut. 1922 wurden hier zahlreiche Kleinasien-Flüchtlinge untergebracht, danach verfiel das Gut. Heute leben hier fast 100 Frauen, die sich zum Teil mit Ikonenmalerei, Weberei, Stickerei und anderen Handarbeiten beschäftigen. Ihre Produkte kann man im Kloster kaufen. *Das Kloster liegt an einer unbefestigten Straße zwischen dem Dorf Vatopédi und Ormýlia. April–Sept. Di, Do und Sa 10–16 (übrige Zeit 10–14) Uhr, So 10–19 (übrige Zeit 10–16) Uhr*

NÉOS MÁRMARAS/ PÓRTO CARRÁS

(D 5) Néos Mármaras und das dazugehörige Urlaubsresort Pórto Carrás zählen zwar nur 2600 Einwohner, halten zusammen aber über 3000 Gästebetten in Hotels aller Kategorien, Pensionen und Privatzimmern bereit. Hinzu kommen im Ortsbereich sieben Campingplätze. Man kann sich also vorstellen, daß Néos Mármaras während der Saison kein verträumter Fischerort mehr ist. Dennoch hat er auch in der Hauptsaison Atmosphäre.

Dazu trägt vor allem seine besondere Lage bei. Der Ort wurde nach 1922 von kleinasiatischen Flüchtlingen gegründet. Sie bauten ihre Häuser auf vier kleinen Halbinseln, die die drei Stadtbuchten von Néos Mármaras einrahmen, sowie an dem sanft ansteigenden Berghang dahinter. Einige Tavernen stehen direkt auf kleinen Stränden, mehrere Bars haben schöne Terrassen über den Buchten.

Pórto Carrás ist nicht unumstritten. Es wurde erst 1970 gegründet und entsprang einzig und allein der Idee eines griechischen Multimillionärs: des Reeders Ioánnis Carrás. Er gab drei vielgeschossige Großhotels in Auftrag, eine private Marina dazu und zahlreiche Sportstätten. Zudem ließ er bereits seit 1965 weite Flächen südlich von Pórto Carrás in Weinberge verwandeln. In der dazugehörigen Weinkellerei werden hier sieben der besten Weine Griechenlands gekeltert. Die riesige Villa des inzwischen verstorbenen Carrás thront, von hohen Mauern umgeben, auf dem Gipfel des Hügels südlich seiner Hotelstadt.

Néos Mármaras vorgelagert ist die kleine, unbewohnte Insel Kélyfos, die die Einheimischen auch Gélfos nennen. Hier leben noch einige Wildziegen. Mit dem Boot kann man hinüberfahren und die einsamen Strände genießen. Strände gibt es aber auch zu beiden Seiten von Néos Mármaras in großer Zahl. Lange Sandbänder wechseln mit kleinen, idyllischen Buchten zwischen bewaldeten Felsen und weißen Klippen ab; einige Strände erreicht man bequem mit dem Auto, andere nur zu

Fuß. Ein ausgeschilderter Wanderweg führt in etwa 5 Stunden Gehzeit von Néos Mármaras zur Weinkellerei und von dort an drei Dutzend Strandbuchten zwischen dem Europa Beach und Pórto Carrás vorbei zurück nach Néos Mármaras. Für die Strecke zwischen Pórto Carrás und Néos Mármaras kann man aber auch das regelmäßig verkehrende Hotelboot benutzen.

BESICHTIGUNG

Kloster Osios Grigórios

Die zu einem der Athos-Klöster gehörende Dependance am Ortsrand von Néos Mármaras ist ein schöner, zweigeschossiger Natursteinbau mit durchlaufenden Holzbalkonen. Mönche wohnen hier nur zwischen Ende September und Ende März. In den Sommermonaten lebt hier nur ein Verwalterehepaar. *An der*

Straße von der südlichen Stadtbucht zur Hauptstraße Richtung Pórto Carrás. Tgl. 8–14 und 18–22 Uhr

RESTAURANTS

Dionysos

Die Taverne an der Bushaltestelle an der mittleren Stadtbucht bietet schöne Plätze unter Kiefern mit Blick auf den Hafen. Die Auswahl ist groß, die Vorspeisen stammen nicht vom Großhändler, sondern sind selbstgemacht. *Kategorie 3*

L'Orangerie

Französisches Feinschmeckerrestaurant im Hotel Sithonía Beach in Pórto Carrás. *Tgl. ab 20 Uhr, Tischreservierung Tel. 0375/713 81, Kategorie 1*

Ta Kymata

★ Die Taverne hat ihre Tische und Stühle unmittelbar auf den

Néos Mármaras mit seinen Stadtbuchten hat Flair

Ein Traum wurde Wirklichkeit

Als Ioánnis Carrás 1963 auf seiner Privatyacht an der Küste der Sithonía entlangfuhr, hatte er eine Vision. Er sah die Hänge und Hügel südlich von Néos Mármaras mit Weingärten bedeckt. 1965 kaufte er hier 1700 Hektar Land. Auf 450 Hektar wurden bis 1971 ganz unterschiedliche griechische und französische Traubensorten gepflanzt. 1971 fand die erste Weinlese statt; zum Ausbau der Weine zog Carrás einen Fachmann aus der Region Bordeaux hinzu. Als Spitzenwein unter den sieben verschiedenen Carrás-Weinen gilt der trockene Rotwein Château Carrás. Er altert zunächst 12 Monate lang in französischen Eichenholzfässern, die ihm die Aromen von roten Früchten und Vanille verleihen, und wird danach noch drei Jahre lang in Flaschen im gut gekühlten Keller der Kellerei gelagert.

kleinen Strand gestellt, der sich im innersten Ende der nördlichen Stadtbucht gebildet hat. Wer mag, kann hier beim Essen die Füße vom Meer umspülen lassen. Wirt Thomas spricht sehr gut deutsch und vermietet auch acht Zimmer in der Nähe der Taverne. *Tel. 0375/713 71, Kategorie 3*

EINKAUFEN

Donnerstags ist ✪ Markttag. Die Händler bauen dann ihre Stände an der Uferstraße entlang der nördlichen Stadtbucht auf.

HOTELS

Marmaras

Von Bougainvilleen überranktes Hotel in einem Neubauviertel, 1 km nördlich vom Ortszentrum an einer wenig befahrenen Uferstraße gelegen. Kleiner Strand nahe dem Haus. *15 Zi., Tel. 375/721 84, Fax 723 15, Kategorie 3*

Miramare

Kleine Apartmentanlage mit zweigeschossigen Häusern am Parádissos-Strand, etwa 700 m nördlich von Néos Mármaras gelegen. *36 Apartments mit 1–2 Zi., Tel. 0375/714 44, Fax 719 49, Kategorie 2*

Sweet Home

★ Kleines, sehr familiär geführtes Hotel im historischen Ortskern an einer Gasse, an der noch die kleinen Flüchtlingshäuser aus den 20er Jahren stehen. Man wohnt ruhig und zentral und kann im kleinen, schattigen Innenhof einen Drink oder auch ein Essen genießen, daß die Wirtin Koúla für ihre Gäste auf Wunsch »ganz wie zu Hause« kocht. *15 Zi., Tel. 0375/716 64, Fax 718 28, Kategorie 2*

SPORT

Das sportliche Zentrum der Chalkidikí ist Pórto Carrás. Auskunft über alle Sportmöglichkeiten und Anmeldung im *Grecotel Meliton, Porto Carrás, Tel. 0375/712 21, Fax 715 02*

Golf

18-Loch-Platz bei den Hotels. Für alle zugänglich.

Mountain Biking

★ Täglich gibt es je eine leichtere und eine schwerere Tour. Die Touren können einzeln oder im Fünfer-Paket gebucht werden. Kindersitze sind verfügbar. Die Bikes können auch individuell gemietet werden. *Hellas Bike Travel, Tel. 0375/713 81, Mobiltelefon 094/54 41 59, Fax 712 29*

Reiten

Reitstall mit Ponies und Pferden, qualifizierte Reitlehrer.

Tennis

Tenniscamp mit 5 Quarzsand- und 3 Hartplätzen, Kurse für Kinder, Anfänger und Könner.

Wandern

Organisierte Wanderreisen bietet die Alpinschule Innsbruck an. Deren Angebot haben viele deutsche, österreichische und Schweizer Reiseveranstalter im Programm.

Wassersport

Das Overschmidt International-Wassersportzentrum vermietet Jollen, Surfboards, Motorboote usw. und bietet auch Windsurf-, Segel- und Wasserskikurse an. Auskunft über Revier, Wind und Prüfungsmodalitäten durch *Overschmidt International, Postfach 8803, D-48047 Münster, Tel. in Deutschland 0251/29 75 00, Fax 29 75 28.*

In Pórto Carrás gibt es einen Reitstall und Reitlehrer

Casino Magic

★ Spielkasino im Stil von Las Vegas. 425 einarmige Banditen, 30 Roulett-, 8 Blackjack- und 5 Poker-Tische. *Tische ab 16 Uhr geöffnet, Automatenspiele rund um die Uhr. Im Hotel Sithonía Beach. Kein Krawattenzwang, Mindestalter 23 Jahre. Personalausweis erforderlich. Eintritt 5 000 Drs., wird zur Zeit in Form von Chips erstattet*

Molos A Seaside Story

★ Die teure, aber äußerst originelle Bar liegt auf mehreren Terrassen direkt am Wasser zwischen der mittleren und der südlichen Stadtbucht. Clou der Bar ist ein im Wasser vertäuter Ponton in Schiffsform, auf dem nur ein Tisch steht. Ein geländerloser Steg führt hinauf.

Studio Risko

✪ Bouzoúki am Strand zwischen Néos Mármaras und Pórto Carrás, in der im Sommer griechische Live-Musik zu hören ist.

Summer Loft Disco Club

☆ Große Open-air-Disko mit mehreren Bars auf verschiedenen Terrassen an der Ortsumgehungsstraße am südlichen Ortsende.

Moudiana Tours

An der mittleren Hafenbucht, Tel. 0375/718 17, Fax 720 90

Domaine Carrás   (D 5)

Mit über 400 Hektar Anbaufläche ist die Domaine Carras eins der größten privaten Weingüter Europas. Verarbeitet werden die Trauben in einer 1970 erbauten Kellerei. Im Rahmen von Ausflügen, die Reisebüros und Hotels organisieren, kann man sie besichtigen. Auch individuell kann man den Verkaufsraum besuchen, einige der sieben Weine verkosten und anschließend etwa 20–25% preiswerter als in Supermärkten kaufen. Mit fremdsprachiger Beratung darf man allerdings nicht rechnen. *An der Straße von Néos Mármaras nach Pórto Koúfos. Mo–Fr 8–13.30 Uhr*

Parthenónas   (D 5)

❧ Das große Bergdorf 350 Höhenmeter oberhalb von Néos Mármaras wurde 1970 von seinen letzten Bewohnern verlassen. Die Abwanderung hatte bereits in den 20er Jahren mit der Entstehung von Néos Mármaras begonnen. Dadurch entging der Ort dem Schicksal vieler chalkidischer Orte: der Verschandelung durch neue Betonbauten. 1977 kehrten die ersten Menschen nach Parthenónas zurück, pflegten nun aber die Tradition, restaurierten einige Häuser und schufen so ein Juwel unter den chalkidischen Dörfern. Der Blick von hier oben fällt auf Néos Mármaras und die landschaftsverschandelnden Großhotels von Pórto Carrás und reicht bei halbwegs klarer Sicht bis zur Halbinsel Kassándra hinüber.

Ein gut ausgeschilderter Wanderweg verbindet Parthenónas mit Néos Mármaras *(Beginn an der Taverne Drosia an der Küstenstraße Richtung Nikíti, Gehzeit etwa 2–3 Std.).* Im Dorf gibt es nicht nur eine Taverne, sondern auch eine traditionelle, ganzjährig geöff-

Parthenónas: einst verlassen, nun ein Juwel

nete Pension *(Parthenon, 11 Zi., Tel. 0375/721 07 und Mobiltelefon 094/38 23 84, Kategorie 3).*

Pórto Koúfos (E 6)

Der winzige Weiler mit mehreren guten Fischtavernen liegt an einer der geschütztesten Hafenbuchten der Ägäis. Hügel umrahmen eine 1600 m lange und bis zu 550 m breite Bucht. Die Einfahrt ist nur 300 m breit und vom Weiler aus nicht zu sehen, so daß man sich an einem See wähnt. Am Kai vor den Fischrestaurants liegen meist einige Fischkutter und Yachten, baden kann man am langen Sandstrand im Süden der Siedlung.

Toróni (E 6)

Die Siedlung (150 Ew.) mit vielen einfachen Sommerhäusern erstreckt sich über 2 km an einem breiten Sandstrand. Sie liegt auf dem Gebiet der antiken Stadt Torone, die im 8. Jh. v. Chr. von Kolonisten aus der Stadt Chalkída auf der Insel Euböa gegründet wurde. Einige Überreste aus der Antike sind noch zu sehen, wenn man der Uferstraße bis an ihr südliches Ende folgt. Wo dort die Straße zurück zur Hauptstraße abzweigt, liegt linker Hand ein kleines, eingezäuntes Gelände mit der Ruine einer frühchristlichen Basilika. Folgt man der Uferstraße noch weiter, gelangt man zu einem kleinen Kap mit den Überresten einer byzantinischen Burg. Im flachen Wasser sind hier auch noch Spuren der antiken Hafenanlage zu entdecken. *Frei zugänglich*

Schiffsausflüge

Von morgens bis nach Mitternacht Bootsverbindungen mit Pefkochóri und Kallithéa auf der Kassándra.

SÁRTI/SYKEÁ

(E 5) Das Binnendorf Sykeá (2950 Ew., auch Sykiá geschrieben) ist der größte Ort der Sithonía. Es wurde schon in byzantinischer Zeit gegründet; viele seiner Häuser stammen noch aus dem 19. Jh. Zu den markantesten Bauten gehören die beiden 1870 und 1920 errichteten Schulgebäude. Vom 2 km landeinwärts gelegenen Dorf erstreckt sich eine der wenigen fruchtbaren Küstenebenen der Sithonía dem Meer entgegen, wo in Strandnähe noch zwei alte Mühlenstümpfe stehen. Wichtigster Arbeitgeber für die Dorfbewohner sind die Hotels und Weinberge von Pórto Carrás: Über 400 von ihnen arbeiten dort.

Sárti (700 Ew.) ist im Gegensatz zu Sykeá ein nach 1922 neu gegründetes Flüchtlingsdorf. Das Straßennetz ist deutlich erkennbar auf dem Reißbrett rechtwinklig geplant worden. Wie in keinem anderen Ort der Chalkidikí stehen in Sárti noch viele kleine Häuser aus den 20er und 30er Jahren. Oft sind ihre Fassaden von Bougainvilleen oder Hibiskus überrankt, so daß die Straßenzüge von Sárti besonders idyllisch wirken. Ein kilometerlanger Sandstrand erstreckt sich von Sárti aus südwärts; viele kleine und größere Buchten schließen sich weiter nördlich an.

RESTAURANTS

Aristidis

Taverne an der Platía von Sárti, die in zwei Aquarien stets frische Hummer und Langusten hat. Ein befreundeter Fischer liefert täglich seinen frischen Fang in der Küche ab. *Kategorie 2*

Vorinakis

Die Taverne an der Platía von Sárti ist der In-Treff langjähriger Stammgäste. Wirt Chrístos, eigentlich Schreiner, haßt berufsbedingt Plastikstühle und -tische; seiner Taverne kommt das sehr zugute. Er läßt fast nur griechische Musik vom Band erklingen und serviert einfache, wohlschmeckende griechische Kost. *Kategorie 3*

EINKAUFEN

Creations Yiany

★ Jannis Contos und Marie-Andrée Saint-Pierre betreiben in einem alten Flüchtlingshaus in der Nordwestecke des Dorfplatzes von Sárti ein kleines Silberschmuckatelier. Sie konzentrieren sich auf Objekte in der Preislage unter 20 000 Drs. und trinken mit Kunden, die ihnen sympathisch sind, auch gern einmal ein Fläschchen Wein in ihrem Laden. *Unregelmäßig geöffnet, meist ab 18 Uhr*

Wochenmarkt

❂ Jeweils samstags in Sykea.

HOTELS

Lutsia

Apartmenthaus an der Hauptstraße im Ortszentrum von Sárti. *12 Apartments für 2–4 Personen, Tel. 0375/941 98, Kategorie 3*

Pontos

★ ⚹ In Sárti. Überwiegend von jungen Leuten frequentiertes, clubähnliches Hotel direkt am Strand, etwa 700 m vom Ortszentrum entfernt. Surfkurse, Beach-Volleyball, Bogenschießen, Bodypainting und Mountain-Bike-Touren sind im Programmangebot; das Hotel vermietet Mopeds. *42 Apartments für 2–4 Personen, Tel. und Fax 0375/943 01, Kategorie 1*

SPORT

★ Neben dem üblichen Wassersportangebot gibt es am 14 km entfernten Strand von Kalamítsi auch eine Tauchschule: *North Aegean Diving Centre, Tel. 0375/ 411 48, Fax 031/52 16 92*

An der Stichstraße vom Zentrum zur Ortsumgehung liegen das Sommerkino *Titania,* der Club *Sassos the Greek* (griechische Live-Musik) und die Disko *Zorbas.*

AUSKUNFT

Koutras Travel
Platía, Sárti, Tel. 0375/940 07

ZIELE IN DER UMGEBUNG

Kalamítsi (Kalamitsion)   (**E 6**)
Der Weiler, in dem im Winter nur drei bis fünf Familien leben, kann sich einiger der schönsten Sandbuchten Griechenlands rühmen. Den besten Blick auf sie hat man von der ❀ Taverne *Panorama* an der Straße zwischen Pórto Koúfos und Kalamítsi aus. Stichstraßen führen zu den einzelnen Strandbuchten. Größere Hotels gibt es noch nicht, wohl aber kleine Pensionen wie die Pension *Milonas* über dem Supermarkt an der Porto-Bucht neben dem Campingplatz *(18 Zi., Tel. 0375/415 51, Kategorie 3)*

Maultierritt
Die Reisebüros in Sárti organisieren fünfstündige Maultierausritte in die Hügellandschaft in der Umgebung.

VOÚRVOUROU

(**D 5**) Voúrvourou ist eine im Winterhalbjahr nahezu menschenleere Siedlung. Sie dehnt sich in lockerer Bebauung zwischen der kleinen Halbinsel *Méga Tíchos* und der größtenteils bewaldeten Halbinsel Voúrvourou aus. Zum offenen Meer hin wird die Bucht zwischen den beiden Halbinseln durch 17 Inseln und Inselchen abgeschirmt. Früher waren sie unbewohnt, inzwischen gibt es auf einigen von ihnen aber schon Strandbars und Ferienhäuser. Lange Strände säumen die Bucht; besonders schön sind die Strände auf der Voúrvourou-Halbinsel. Hier findet man auch die bizarr geformten, kleinen Felsen, die auf den überall auf der Chalkidikí verkauften Postkarten unweigerlich den Blick auf sich ziehen. Mit etwas Phantasie erkennt man in ihnen unterschiedliche Tiere und Dinge.

BESICHTIGUNG

Méga Tíchos
Zugegeben: Einen Umweg lohnt der 5 m lange und 3 m hohe Überrest einer antiken Befestigungsmauer auf der Halbinsel Méga Tíchos im Norden von Voúrvourou nicht. Wer aber dort Urlaub macht, hat so ein Ziel für einen Spaziergang.

RESTAURANT

Mezedokamomata
Taverne unter schattenspendenden Bäumen am Strand. Außergewöhnlich guter und freundlicher Service, große Auswahl. Mit Käse, Fisch oder Fleisch zubereitete Kroketten *(keftédes)* sind eine Spezialität des Hauses. *Auf der Westseite der Vourvourou-Halbinsel, Kategorie 2*

HOTELS

Porto Kappis
Von außen architektonisch mißlungenes, aber gut in Strandnähe gelegenes und freundliches Hotel

mit Pool. *Auf der Westseite der Vour-voúrou-Halbinsel, 67 Zi. und 2 Apartments, Tel. 0375/914 16, Fax 914 92, Kategorie 2*

Toula

Pension mit kleinem Pool mitten im Kiefernwald nahe dem Strand an der Spitze der Voúrvourou-Halbinsel. Exzellentes Preis-Leistungs-Verhältnis. *11 Zi. und 2 Apartments, Tel. 0375/911 02, Mobiltelefon 094/39 24 30, Fax 0382/265 00, Kategorie 3*

SPORT

An der Westküste der Voúrvourou-Halbinsel werden vor der Taverne *Mezedokamomata* Motorboote, Tretboote und Kanus vermietet, mit denen man auf die Diapóros-Insel hinüberfahren kann.

AM ABEND

Lotos

❧ Sehr originelle, aber auch teure Open-air-Bar an der West-seite der Voúrvourou-Halbinsel. Man sitzt wie in der Südsee auf Holzemporen unter Palmstroh- und Rohrdächern und blickt über die südseehafte Bucht. *Auch tagsüber geöffnet*

ZIELE IN DER UMGEBUNG

Ágios Nikólaos   **(D 4)**

Das große Binnendorf (2260 Ew.) mit autofreier Platía besitzt noch mehrere stattliche alte Häuser aus dem 19. Jh. Die Kirchen *Agía Paraskeví* und *Ágios Geórgios* im alten Ortskern sind seit 1970 über der jeweiligen Westtür mit einigen Mosaiken eines örtlichen Künstler geschmückt. Die verkehrsfreie Platía ist modern und dennoch angenehm gestaltet. Jeden Donnerstagvormittag findet im Dorf ein großer Wochenmarkt statt.

Ormos Panagías   **(D 4)**

Der Küstenweiler ist der Hafen von Agios Nikólaos. Von hier aus fahren täglich Ausflugsschiffe zur Athos-Halbinsel.

Platanitsi: einer der herrlichen Strände der Sithonía

Zwischen Himmelreich und Himmelsstadt

Der größte Teil der Halbinsel ist für Frauen unzugänglich

Der östliche Finger der Chalkidikí gehört nur ansatzweise zu dieser Welt. Der Rest ist eine Mönchsrepublik, zu der nur Männer und auch diese nur mit Visum Zutritt haben. Im weltlichen Teil der Halbinsel ist der Urlaub ebenso schön wie an anderen Küsten der Region. Drei große Dörfer gibt es hier und mit Amolianí die einzige ständig bewohnte Insel der Chalkidikí. Auf dem Festland sind die Strände lang und meist schnurgerade, auf Amolianí und seinen unbewohnten Nachbarinselchen warten auch kleine Strände und Buchten auf den Urlauber. Es gibt einige moderne Hotels. Insgesamt aber ist ein Urlaub auf der Athos-Halbinsel beschaulicher als auf den beiden anderen Fingern.

In Ouranópolis, dessen Name übersetzt Himmelsstadt bedeutet, enden alle Straßen. Hier durch- zieht eine hohe Steinmauer die Halbinsel, die stellenweise sogar von griechischem Militär bewacht wird. Dahinter liegt die Mönchsrepublik, die sich bis zur Spitze der Halbinsel erstreckt. Dort ragt der schroffe, 2033 m hohe Berg Athos unvermittelt aus dem Meer, der dem ganzen Finger den Namen gab. In der Republik der frommen Männer leben heute etwa 1700 Mönche in 20 großen Klöstern und einem Dutzend kleinerer, von den Klöstern abhängigen Weilern, den Skiten.

Einen guten Eindruck von der Mönchsrepublik kann man auch als Frau oder als Mann ohne Visum gewinnen. Schiffsausflüge führen täglich von Ouranópolis und Ormos Panagías auf der Sithonía an der Küste des heiligen Berges entlang.

AMOLIANÍ

(E 4) Auf der sanft hügeligen, nur 250 m hohen und 12 qkm großen Insel (die auch Amoulianí geschrieben wird) leben etwa 600 Menschen. Zwei miteinander konkurrierende Fährunternehmer stellen das ganze Jahr über eine regelmäßige Verbindung zum zwei Seemeilen entfernten

Kloster Dionysíou

Hafenflecken Trypití auf dem Festland sicher, der noch zum Gemeindegebiet der Insel gehört. Noch bis vor wenigen Jahren lebten die Insulaner überwiegend vom Fischfang, von Versorgungsfahrten zu den Klöstern und von der inzwischen eingestellten Meersalzgewinnung.

Seit den 80er Jahren des 20. Jhs. haben Sommerhäuser von Thessalonikern neue Einkommensmöglichkeiten geschaffen, seit den 90er Jahren entwickelt sich auch der ausländische Fremdenverkehr. So halten sich im August jetzt bis zu 10 000 Menschen täglich auf Amolianí auf. Einem weiteren Ausbau des Tourismus steht allerdings der Wassermangel der Insel im Wege. Zur Zeit muß sie im Hochsommer noch per Tankschiff mit Wasser versorgt werden.

Trotz der geringen Entfernungen auf der winzigen Insel gibt es Asphaltstraßen, Autos und sogar eine Tankstelle. Für Fahrten vom Hafen zum Strand stehen aber auch Pferdewagen zur Verfügung. Fahrräder werden vermietet. Jedes Ziel kann man aber auch binnen einer Stunde zu Fuß erreichen. Historische Sehenswürdigkeiten besitzt die Insel nicht – abgesehen von dem kleinen Wehrturm eines Athos-Klosters am Hafen, der durch Einbau einer Bar inzwischen aber fast bis zur Unkenntlichkeit verändert wurde. Auf Amolianí verbringt man den Tag am Strand und den Abend am Hafen, in dem im Sommer nicht nur Fischerboote und Ausflugsdampfer liegen, sondern auch schicke Segel- und Motoryachten.

Die Fähren zwischen Trypití und Amolianí verkehren mindestens siebenmal täglich zwischen etwa 7 und 18 Uhr (Juni–Sept. bis 20 Uhr). *Pkw 1550 Drs., Person 150 Drs.*

RESTAURANTS

Jannis

★ Taverne über dem winzigen Stadtstrand von Amolianí. Spezialitäten des Hauses sind die vielen überbackenen Fleisch- und Gemüsegerichte. *Kategorie 2*

Klimataria

✪ Metzgereitaverne an der Hauptdurchgangsstraße des Ortes in Hafennähe. Über Holzkohle gegrilltes Fleisch und Lammköpfe, Kokoretsi und Hühnchen werden nach Gewicht verkauft und auch außer Haus geliefert. *Kategorie 3*

O Vasilis

Taverne mit schattiger Terrasse unmittelbar über dem Hafen. Frischer Fisch ist immer vorrätig; Wirtin Dimitra kann als Vorsitzende des örtlichen Kulturvereins Interessenten auch manches über die Inselgeschichte erzählen (auf griechisch natürlich). *Kategorie 2*

HOTELS

Agionissi Resort

Das Hotel, das als einziges der Insel keinem Insulaner gehört, liegt etwa 2,5 km außerhalb des Inseldorfes oberhalb eines etwa 300 m langen Kiesstrandes; schönere Buchten sind in der Nähe. Alte Mountainbikes werden an Hotelgäste kostenlos verliehen. Pool, Tennisplatz. *68 Zi., Tel. 0377/511 02, Fax 511 80, Kategorie 1 und 2*

Archontariki

Das einzige ganzjährig geöffnete Hotel der Insel, ein optisch ansprechender Natursteinbau, liegt ruhig am Dorfrand. Hotelgäste können Fahrräder ausleihen. *11 Zi., Tel . 0377/512 07, Fax 512 07, Kategorie 2 und 3*

Sun Rise

Das schon von der Fähre aus erkennbare Hotel auf dem Hügelrücken im Ortszentrum besitzt einen Pool. An Sommerwochenenden kann die Nachtruhe durch die jugendlichen Besucher eines benachbarten Cafés gestört werden. *46 Zi., Tel. 0377/512 73, Fax 511 74 Kategorie 2*

SPORT UND STRÄNDE

Alykes

★ Mit dem Pferdewagen sind es zwölf, zu Fuß 30 Minuten vom Inseldorf zum schönsten Inselstrand Alykes. An ihm liegt in einer Senke ein flacher See, der früher zur Salzgewinnung genutzt wurde. Ab Mitte Juni fällt er trocken. Im Winter sind hier mehrere Entenarten als Gastvögel zu sehen. Am Strand von Alykes werden Tretboote und Kanus vermietet; im Hafen kann man Motorboote mieten.

AM ABEND

Arsenas

⚥ Bar im und vorm historischen Wehrturm am Hafen.

Hazienda

◑ Freiluftlokal an der Straße vom Dorf zum Alykes-Strand. An Sommerwochenenden manchmal griechische Live-Musik, sonst Disko-Sound.

ZIELE IN DER UMGEBUNG

Schiffsausflüge

★ Ausflugsfahrten per Boot entlang der Küste der Athos-Halbinsel täglich. Bei genügend Nach-

---

MARCO POLO TIPS
FÜR DIE HALBINSEL ATHOS

1 Tageskreuzfahrt zum Berg Athos
Als Zaungast sehen, wo die Mönche wohnen (Seite 63)

2 Dreniá-Inseln
Badeinseln für Robinsonaden (Seite 66)

3 Alýkes
Mit dem Pferdewagen zum Strand – nicht nur für Kinder ein Vergnügen (Seite 63)

4 Bootswerften
Bei Ierissós sehen, wie die traditionellen Kaikis gebaut werden (Seite 66)

5 Hotel Skites
Eine komfortable Oase der Ruhe am Rande der Mönchsrepublik (Seite 65)

6 Restaurant Jannis
Überbackenes ist die Spezialität des Wirts auf Amolianí (Seite 62)

frage auch Inselrundfahrten per Fischerboot mit Badepausen an schönen Stränden.

OURANÓPOLIS (URANOPOLIS)

(**E 4**) Der Name Himmelsstadt, der so gut zu diesem Ort (770 Ew.) an der Grenze zur Mönchsrepublik zu passen scheint, ist in Wirklichkeit viel älter als diese. So hieß nämlich schon eine in heidnischer Zeit 316 v. Chr. gegründete antike Stadt, die in der Gegend des heutigen Trypití vermutet wird. Im 13. Jh. gehörte das Gebiet, auf dem heute Ouranópolis steht, zum Athos-Kloster Vatopédi. Es unterhielt hier einen größeren Gutshof und einen mächtigen Wehrturm. Dieser *Turm von Prosphorion*, 1344 erbaut, steht noch heute am Anleger von Ouranópolis und ist das Wahrzeichen des Ortes.

Die heutige Siedlung wurde 1922 von kleinasiatischen Flüchtlingen gegründet. Heute ist sie der bedeutendste Hafen für die Versorgung der Athos-Klöster, aber auch ein im Sommer vielbesuchter Ferienort. Ein viele Kilometer langer Sand- und Kiesstrand erstreckt sich vom Anleger bis Trypití und von dort nochmals viele Kilometer weiter bis Develiki am Nordende des Golfs. Die meisten Hotels stehen oberhalb der Küstenstraße zwischen Ouranópolis und Trypití auf und an niedrigen Hügeln.

Am interessantesten ist der Besuch in Ouranópolis am frühen Morgen. Dann strömen Besucher und Arbeiter ins Pilgerbüro, um sich ihr zuvor schon in Athen oder Thessaloníki beantragtes Visum zu holen und die fälligen Gebühren zu entrichten. Mönche entsteigen dem Bus aus Thessaloníki; alles versammelt sich am Anleger, wo schon die Fähre bereit liegt, die Menschen und Fracht nach Dáfni bringen soll, dem Einreisehafen des heiligen Berges. Ein Polizist steht an der Fähre, um die Visa zu überprüfen – ohne wird niemand an Bord gelassen. Gegen 9.30 Uhr legt das Linienschiff dann ohne eine einzige Frau an Bord ab.

BESICHTIGUNGEN

Frangokástello

Vom Turm am Anleger bis zur Grenze führt eine 2,3 km lange, nur anfangs asphaltierte Straße. Wo Soldaten unweigerlich jedes Weiterkommen verhindern, erkennt man die Ruinen einer Burg unbekannten Alters; östlich davon kann man das Haus des Torhüters vom Athos erkennen, das aus dem 19. Jh. stammt. Im Umkreis der Burg legen Archäologen seit 1995 die Überreste eines der ältesten Klöster frei. Die Klosterkirche und Gräber früherer Äbte wurden bereits entdeckt.

Turm von Prosphorion

Der mächtige Wehrturm am Anleger von Ouranópolis wurde bereits 1344 erbaut. Er hatte die Aufgabe, das hier gelegene Klostergut zu schützen, die Ernten aufzunehmen und den Bewohnern bei Angriffen Unterschlupf zu bieten. Um 1850 stürzte sein oberstes Geschoß bei einem Erdbeben ein. Danach bekam er das bis heute erhaltene Dach. Mitte der 90er Jahre wurde der Turm mit EU-Geldern restauriert. *Eine Innenbesichtigung ist nicht möglich*

Bungalowhotel Skites: ruhig in einem schönen Garten gelegen

MUSEUM

Art Forum Gallery Old Slaughterhouse

In einem ehemaligen, kaum je genutzten Schlachthaus werden alljährlich im Hochsommer von einer Galerie aus Thessaloníki Ausstellungen moderner griechischer Kunst organisiert. *Am Feldweg zum Frangokástello neben dem Hotel Skites. Dort können die Öffnungszeiten erfragt werden, Tel. 0377/711 40*

RESTAURANTS

Athos

Taverne mit kretischen Wirten, netter Bedienung und schattiger Terrasse. *500 m vom Turm an der Straße zum Frangokástello, Kategorie 2*

Kokkinos

Gepflegte Fischtaverne unterhalb der Hauptstraße im Ortszentrum. Faßwein vom Heiligen Berg. *Kategorie 1*

HOTELS

Eagles Palace

Hotel- und Bungalowanlage zwischen Küstenstraße und Sandstrand mit altem Baumbestand im Hotelpark. Meerwasserpool, Tennisplatz, Kinderclub, biologische Kläranlage. *4,5 km von Ouranópolis an der Straße nach Trypiti. 167 Zi., Tel. 0377/310 47, Fax 313 83, Kategorie 1*

Pyrgos

Freundliches Hotel am Ortseingang unmittelbar an der Hauptstraße. *24 Zi., Tel. 0377/712 81, Fax 712 11, Kategorie 3*

Skites

★ Absolut ruhig gelegenes, beispielhaft in die Landschaft eingefügtes Bungalowhotel kurz vor der Grenze zur Mönchsrepublik. Üppig blühender Garten, moderne Zimmer mit den wahrscheinlich einzigen geschlossenen Duschkabinen Griechenlands. Die deutsch, englisch, französisch und italienisch sprechende Inhaberin Paula Bohn veranstaltet im Sommer im Hotel und am kleinen Kieselsteinstrand unmittelbar davor auch kleine Konzerte und Dichterlesungen. *12 Zi. und 4 Apartments, an der Straße zum Frangokástello, 1,4 km vom Turm entfernt, Tel. 0377/711 49, Fax 713 22, Kategorie 1*

Motorboote für Fahrten zu den vorgelagerten Inseln werden unmittelbar neben dem Anleger vermietet (10 000 Drs. pro Tag). Wasserski, Windsurfen und Tretbootverleih an den Stränden vor den Hotels zwischen Ouranópolis und Trypití.

Es gibt weder Diskotheken noch andere Musiklokale. In Ouranópolis schätzt man auch abends die Ruhe, sitzt vor den vielen Tavernen und Cafés am Meer.

Athos City Travel Bureau
An der Fußgängergasse nördlich des Turms von Ouranópolis. Tel. 0377/711 59 und 711 02, Fax 713 93

Dreniá-Inseln (M 2)
★ Die auch *Gaidouroníssia, Donkey Islands* oder Eselsinseln genannten, unbewohnten Eilande südöstlich von Amolianí sind ideale Ziele für einen Badeausflug. Hinüber kommt man mit einem gemieteten, selbst gesteuerten Motorboot, mit einem Taxiboot oder mit kleinen Ausflugsbooten, die ständig zwischen Ouranópolis und den Inselchen pendeln. Auf der schütter mit Ölbäumen bestandenen Hauptinsel haben im Sommer drei Tavernen geöffnet, auf einer zweiten eine kleine Strandbar. Fast alle Inseln haben schöne Sandstrände. Auf der Hauptinsel werden dort auch Liegestühle und Sonnenschirme

angeboten, auf anderen Inseln kann man wie Adam und Eva die Einsamkeit genießen.

Ierissós (E 4)
Der 2800 Einwohner zählende Ort an der Ostküste der Athos-Halbinsel ist mit seinem rechtwinkligen Straßennetz, vielen neuen Häusern und weiten Brachflächen dazwischen keineswegs schön. So gibt es trotz eines kilometerlangen Grobsandstrandes kaum ausländische Touristen. Fast jeder aber hält, wenn er auf der Küstenstraße an den traditionellen ★ Bootswerften entlangfährt, die unmittelbar am Ufer zwischen dem Hotel Mount Athos und dem Ort liegen. Überwiegend unter freiem Himmel entstehen hier die traditionellen, hölzernen Kaikis, die als Ausflugs- und Fischerboote noch immer begehrt sind. Die Werftarbeiter haben meist nichts dagegen, wenn man auf dem Gelände herumspaziert. *15 km*

Néa Róda (E 4)
Néa Róda an der Ostküste ist ebenfalls kein ansehnlicher Ort und wird daher trotz langem Sandstrand fast nur von griechischen Sommergästen besucht. Die Straße, die von Trypití aus an der Westküste hinüberführt, verläuft teilweise durch eine deutlich erkennbare Senke. Eine Hinweistafel macht darauf aufmerksam, daß durch diese Senke in der Antike der Xerxes-Kanal verlief. Ob er je fertiggestellt wurde, weiß man nicht mit Sicherheit. Wie der griechische Historiker Herodot berichtet, hat der persische König Xerxes den etwa 2,9 km langen Kanal ausheben lassen, um seiner Flotte die

Auf der Bootswerft von Ierissós entstehen traditionelle Kakis

gefährliche Umsegelung des Berges Athos zu ersparen. Bei einem früheren Versuch im Jahr 490 v. Chr. war ihm nämlich ein Teil seiner Flotte dabei verloren gegangen. *10 km*

REPUBLIK ATHOS

(**E 4–F 4/5**) Die Linienschiffe, die die Mönchsrepublik täglich mit Ouranópolis verbinden, legen auf ihrer etwa dreistündigen Fahrt zur Hafensiedlung mehrfach kurz an den Anlegern küstennaher Klöster an. In Dáfni warten schon Limousinen und Unimogs auf die ankommenden Mönche und ein Bus auf die ankommenden Pilger. Meist völlig überladen fährt er in etwa 45 Minuten hinauf in den einzigen Ort auf dem heiligen Berg, Karyés. Sowohl in Dáfni als auch in Karyés gibt es Tavernen und Pilgerherbergen. Karyés als Hauptort besitzt außerdem ein Post- und ein Telegrafenamt, eine Polizeistation und mehrere Le-

bensmittel- und Souvenirgeschäfte. Hier residiert der griechische Gouverneur, hier tritt regelmäßig die *Ierá Kinótis* zusammen, die heilige Gemeinschaft. Jedes der 20 Athos-Klöster entsendet in dieses oberste Verwaltungsorgan einen Vertreter.

Von den seit 1924 verbindlich auf 20 begrenzten Klöstern sind 17 griechisch-orthodox. Je eins ist russisch-, serbisch- und bulgarisch-orthodox. Zusätzlich zu den Klöstern gibt es noch zwölf *Skiten*, die immer einem der Klöster unterstellt sind. In ihnen leben die Mönche wie in einem Weiler zusammen. Einer dieser Skiten ist rumänisch-orthodox.

Unbefestigte Straßen verbinden heute die Klöster und Skiten miteinander. Die alten Eselspfade werden von der Natur zurückerobert und höchstens noch von ein paar ausländischen Besuchern benutzt. Die Klöster betreiben inzwischen über 100 Kraftfahrzeuge und setzen sogar Unimogs als Taxis für Pilger ein.

Die Besucher sind aber bei weitem nicht die einzige Einnahmequelle. Manche Mönche betreiben Landwirtschaft, einige Klöster haben Privatfirmen das Recht auf Ausbeutung ihres Waldbesitzes übertragen. Es gibt Mönche, die Souvenirs für die Pilger herstellen und andere, die Ikonen malen. Die EU hat umfangreiche Mittel zur Verfügung gestellt, um die Klöster zu restaurieren, zu modernisieren und ihre Kunstschätze zu erhalten.

Das Leben in den Klöstern läuft trotz mancher Neuerungen noch immer nach strengen Regeln ab. Acht Stunden nach Sonnenuntergang findet täglich ein etwa zweieinhalbstündiger Gottesdienst statt, zwei Stunden vor Sonnenuntergang ein etwa einstündiger Vespergottesdienst. Die kärglichen Mahlzeiten werden gemeinsam eingenommen. Montags, mittwochs und freitags ist Fastentag, dann gibt es nur eine einzige Mahlzeit. Die meisten Klöster beherbergten in vergangenen Jahrhunderten mehrere hundert Mönche. Entsprechend groß sind die Gebäude. Jedes Kloster besitzt zumindest einen mächtigen Wehrturm, in den man sich im Verteidigungsfall zurückziehen konnte. Hohe Mauern umgeben die meisten Klöster. Zahlreiche Anbauten lassen manche von ihnen wie Burgen oder ganze Dörfer erscheinen. Besonders beeindruckend sind die Erker und Balkone, die oft in atemberaubender Technik über tiefen Abgründen oder Steilküsten angelegt wurden. In den Klosterkirchen stellen die vielen Ikonen und Fresken Kunstschätze von höchstem Wert dar.

Als Pilger mit Visum darf man maximal drei Nächte auf dem Athos verbringen. Meistens meldet man sich vor dem Eintreffen telefonisch an. Am Tor zeigt man sein *Diamonitírion* genanntes Visum, wird mit einem Schnaps und einer Süßigkeit begrüßt und erhält dann ein Bett in einem Mehrbettzimmer zugewiesen. Elektrisches Licht gibt es nicht, wohl aber zumeist sehr gepflegte, moderne Toiletten und Waschräume. Bettwäsche wird zur Verfügung gestellt. Es wird erwartet, daß man an den Gottesdiensten teilnimmt. Das Essen nimmt man gemeinsam mit oder getrennt von den Mönchen im Refektorium ein.

BESICHTIGUNGEN

Klosterbesuche sind nur einigen wenigen ausländischen Reisenden möglich; selbst ihnen aber ist eine Besichtigung der Klöster im üblichen Sinne verwehrt. Die Mönche sehen sie offiziell als Pilger an, nicht als Touristen. Die nachfolgenden Kurzinformationen beschränken sich daher auf die Klöster, die man bei einer Bootsfahrt entlang der Westküste sieht und die von einem Fremdenführer an Bord zumindest benannt, manchmal auch etwas eingehender erklärt werden. Sie sind hier in der Reihenfolge angeordnet, die dem tatsächlichen Fahrtablauf entspricht.

Kloster Dochiaríou

Das in der Rangordnung des Athos an zehnter Stelle stehende Kloster wird 1030 erstmals urkundlich erwähnt. Hinter hohen, festungsartigen Mauern zieht es sich über eine Felsnase einen

Hang weit hinauf. Im oberen Teil ragt ein mit Zinnen bekrönter Turm hoch auf. Die 1568 geweihte Klosterkirche besitzt den reichsten und besterhaltenen Freskenschmuck aller Gotteshäuser auf dem heiligen Berg.

Kloster Xenofóntos

Das Kloster, in dem etwa 45 Mönche leben, ist die Nummer 16 unter den Athos-Klöstern. Seine Hauptkirche stammt aus dem frühen 19. Jahrhundert.

Kloster Pantelímonos

Das russisch-orthodoxe Kloster wirkt durch seine Größe und die vielen, höchst unterschiedlich geformten Türme und Türmchen besonders pittoresk. Es wurde im 12. Jh. gegründet und war vor der Oktoberrevolution ein besonders belebtes und von Pilgern viel besuchtes Kloster. Seine Mönche sind russischen Ursprungs, mußten aber bei ihrem Eintritt ins Kloster wie jeder sich auf dem Athos niederlassende ausländische Mönch die griechische Staatsbürgerschaft annehmen.

Dáfni

Beim Vorüberfahren am Hafenort der Mönchsrepublik sind deutlich ein paar große Gebäude zu erkennen, die zumeist der Verwaltung dienen. In ihnen sind heute Zoll, Polizei, Hafenpolizei und Post untergebracht.

Kloster Simonópetra

Das auf einem steilen Felsvorsprung in über 200 m Höhe erbaute Kloster aus dem 13. Jh. wird noch von etwa 70 Mönchen bewohnt. Mit seinen acht Stockwerken erinnert es an tibetanische Klöster. Die Bauten sind erst nach einem Großbrand im Jahr 1891 überwiegend neu nach alten Plänen errichtet worden.

Kloster Grigoríou

Das Kloster aus dem 14. Jh., in dem noch etwa 50 Mönche leben, ist dem hl. Nikolaus geweiht. Wegen seines relativ späten Gründungsdatums rangiert es in der Klosterhierarchie nur an 17. Stelle.

Kloster Dionysíou

Das noch von etwa 45 Mönchen bewohnte Kloster steht auf einem 80 m hohen Felsen nahe dem Meer. Seine auf hölzerne Spreizbalken gestützten drei Obergeschosse ragen weit über die Außenmauern des Klosters hinaus. Darin zu leben, erfordert wirklich Gottvertrauen.

Kloster Agiou Pávlou

Etwa 50 Mönche leben in diesem dem Gipfel des über 2000 m hohen Berg Athos am nächsten gelegenen Kloster.

Néa Skíti

Nach Passieren des Paulus-Klosters sind nur noch Skiten und Kellien am Athos-Steilhang zu sehen, jeweils von einem Kloster abhängige, kleinere Mönchsgemeinschaften. Hier wendet nun der Ausflugsdampfer und kehrt in den Ausgangshafen zurück.

AUSKUNFT

Ministry of Macedonia and Thrace
Hier erhält man Antragsformulare für ein Visum und Auskunft über alle Modalitäten. *Diefthynitis Grafiou Ypourgiou, GR 54123 Thessaloniki, Tel. 051/26 16 06 und 27 00 92*

Große Bergdörfer und antike Stätten

Abseits der Küsten ist der Tourismus noch Nebensache

Wenn die Halbinseln Kassándra, Sithonía und Athos die drei Finger der Chalkidikí sind, ist das Hinterland die Handfläche. Es besteht nicht nur aus Bergen und Tälern, sondern reicht auf drei Seiten auch ans Meer heran. So sind auch hier durchaus noch attraktive Badeorte und Strände zu finden.

Die Berge steigen im Ypsizonos Oros bis zu 1165 m Höhe an. Weite Teile des Binnenlandes sind mit Wäldern bedeckt, die holzwirtschaftlich intensiv genutzt werden. So schlägt man hier alljährlich auch einen großen Teil des griechischen Bedarfs an Weihnachtsbäumen. Eine bedeutende Rolle spielt die Schaf- und Ziegenzucht. Die Wolle der Tiere wurde früher zu Teppichen, Decken und allerlei anderen traditionellen Webwaren verarbeitet; auch heute findet man in manchen der Bergdörfer noch schöne alte und neue Stücke. Von größerer wirtschaftlicher Bedeutung ist für das Binnenland der Chalkidikí heute aber der Berg-

Aristoteles-Statue in Stagirá, dem Geburtsort des großen Philosophen

bau. Magnesit wird bei Vávdos und Gerakiní abgebaut, bei Olýmpias ist die Ausbeutung größerer Goldlagerstätten durch ein kanadisches Unternehmen geplant.

Der Urlauber erschließt sich die Schönheiten des chalkidischen Hinterlandes am besten durch ein oder zwei Mietwagentouren. Außer kleinen und großen Bergdörfern, in denen man teilweise sogar übernachten kann, und schöner Berglandschaft gibt es auch einige bedeutende historische Sehenswürdigkeiten zu entdecken: Insbesondere die antike Stadt Olynthos und das alte Stagirá, den Geburtsort des großen Philosophen Aristoteles.

ARNÉA (ARNAIA)

Arnéa (2 230 Ew.) ist das Bilderbuchstädtchen der Chalkidikí. Obwohl für den Bau der heutigen Hauptstraße viele alte Häuser abgerissen wurden, stehen hier noch immer mehr und besser erhaltene Herrenhäuser aus dem 18. und 19. Jh. als anderswo. Sie konzentrieren sich vor allem in der Umgebung des 590 m über dem Meeresspiegel gelegenen Hauptplatzes. Trotz einer alten Platane und des Dorfbrunnens ist er wenig romantisch: Er ist Teil der Durchgangsstraße und zugleich Busbahnhof und Parkplatz. Um die Schönheiten Arnéas zu entdecken, muß man aber nur ein paar Schritte in die Seitengassen hineingehen. Mehrere der alten Häuser, die einst wohlhabenden Kaufleuten gehörten, wurden inzwischen mit EU-Hilfe restauriert und innen modernisiert. Eins ist jetzt Museum, ein anderes ein äußerst stimmungsvolles Hotel. Von den traditionellen Erwerbszweigen der Arnaier zeugen noch einige Geschäfte an der Platía. Jahrhundertelang widmete man sich hier der Imkerei und vor allem der Herstellung von Flokatis genannten Schafwollteppichen, von Webdecken und Wollkleidung. Die Viehzüchter der Umgebung lieferten auch Leder für die Schuster. Die Wälder der Umgebung förderten ein florierendes Zimmermannsgewerbe. Heute spielen nur noch Holzverarbeitung und Imkerei eine nennenswerte Rolle.

Agía Paraskeví-Wäldchen

Der lichte Eichenwald am unteren Stadtrand ist das ganze Jahr über ein beliebter Picknickplatz der Einheimischen. Außer der Kirche der hl. Paraskeví gibt es hier auch mehrere Brunnen, einen kleinen Teich und Kinderspielgeräte sowie ein der Gemeinde gehörendes Café. Alljährlich am 25. und 26. Juli findet in diesem Wäldchen eins der größten Kirchweihfeste der Chalkidikí mit dazugehörigem großem Markt statt. *An der mit dem Wanderwegweiser Route A5 markierten kleinen Straße, die am Rathaus von Arnéa beginnt, ca. 700 m vom Rathaus entfernt*

MARCO POLO TIPS FÜR DAS CHALKIDISCHE HINTERLAND

1 **Hotel Archontiko Mitsiou**
Ein Hotel in einem Herrenhaus aus dem 19. Jh. in Arnéa (Seite 74)

2 **Petralóna**
Eine Tropfsteinhöhle, in der schon vor 700 000 Jahren Menschen hausten (Seite 78)

3 **Taverne O Sogrambos**
Noch besser als das Essen ist der Wirt – ein Original in Taxiárchis (Seite 75)

4 **Olynthos**
Die interessantesten Ausgrabungen der Chalkidikí (Seite 77)

5 **Ausgrabungen von Olýmpias**
Sehen, wo der Philosoph Aristoteles geboren wurde (Seite 75)

6 **Vrástama**
Sanddornschnaps ist die Spezialität des Bergdorfs (Seite 79)

Arnéa: ein chalkidisches Städtchen wie aus dem Bilderbuch

Glockenturm und Alte Schule

Der wohlproportionierte, aus gelblichem Stein und roten Ziegelbändern 1889 errichtete Glockenturm der Kirche Ágios Stéfanos ist das Wahrzeichen der Stadt. An ihn schließt sich unmittelbar der kleine Bau der 1871 errichteten Alten Schule an, der ältesten noch erhaltenen der Chalkidikí. *Wenige Meter abseits der Hauptstraße unterhalb der Platía*

Herrenhäuser

Die meisten alten Häuser in Arnéa wurden zwischen 1850 und 1940 erbaut. Meist sind sie zwei- oder dreigeschossig. Zu ihren Charakteristika gehören Balkone und Erker und vor allem Obergeschosse, die über die unteren Etagen vorkragen. Besonders schön sind das heute als Hotel genutzte Mitsiou-Haus und das als Museum genutzte Katsangelos-Haus, das einst einem bedeutenden Pferdehändler gehörte *(beide wenige Schritte von der Platía, von dort gut zu sehen).*

Bescheidener, aber durch seinen trapezförmigen Grundriß und seine vorspringenden Erker besonders reizvoll ist das Papá Varános-Haus, das heute noch von einer Farben- und Eisenhandlung und als Wohnung genutzt wird. *Von der Hauptstraße Richtung Thessaloníki hinter der ATE-Bank rechts die Straße abwärts bis zum ersten kleinen Platz*

73

MUSEUM

Folklore-Museum

Im Katsángelos-Haus finden bisher nur gelegentlich Wechselausstellungen statt. Eine ständige volkskundliche Ausstellung ist in Vorbereitung. *Auskunft im Hotel*

RESTAURANTS

Kafeníon

◆ In einem ebenfalls mit EU-Hilfe restaurierten Haus betreibt die Gemeinde ein zwar modern eingerichtetes aber ganz traditionell geführtes Kaffeehaus, das für ältere einheimische Männer der bevorzugte Treffpunkt für Gespräche beim Karten- und Brettspiel ist. *Gegenüber vom Hotel im Mitsou-Haus, Kategorie 3*

Platanos

Restaurant an der Platía mit großer Auswahl. Der Wirt ist Vorsitzender der Imkervereinigung von Arnéa und läßt Fremde gern seinen Honig kosten. *Kategorie 3*

EINKAUFEN

Mitsiou

Ein kleiner Laden im Hotel, der vor allem anspruchsvolle Stick- und Webarbeiten im traditionellen Stil anbietet.

Wochenmarkt

Jeden Mittwoch an der Hauptstraße

HOTEL

Archontiko Mitsiou

★ Der Gemeinde gehörendes, ganz traditionell eingerichtetes Hotel im restaurierten Herren-

haus Mitsiou. Wer das Haus von innen sehen, aber nicht darin wohnen will, kann im Frühstücksraum in der ersten Etage ein Getränk oder einen Snack zu sich nehmen. *6 Zi., Tel. 0372/227 44, Kategorie 2*

AM ABEND

Auf Abendunterhaltung der üblichen Art muß man in Arnéa verzichten. Man sitzt auf dem Dorfplatz zusammen.

AUSKUNFT

Dímos Arnéas (Stadtverwaltung)

Dimarchío (Rathaus), Tel. 0372/ 229 88

ZIELE IN DER UMGEBUNG

Megáli Panagía   (D 3)

Das auch Reveníkia genannte Dorf (2 620 Ew.) besitzt ebenfalls noch viel alte, allerdings noch nicht restaurierte Bausubstanz. Besondere Bedeutung gewinnt es in der ersten Augusthälfte, wenn Tausende von Pilgern hier an der 2 km außerhalb gelegenen Wallfahrtskirche der Gottesmutter zusammenströmen. Sie wurde nach der wundersamen Auffindung einer Marienikone im Jahr 1860 erbaut und nach einem Erdbeben 1932 neu errichtet. Noch aus der ersten Kirche stammen die großartigen Holzschnitzereien am Bischofsthron und an der Ikonostase. *Frei zugänglich, im Dorf dem nur griechisch beschrifteten Wegweiser folgen, der mit dem Wort IEPO beginnt*

Olýmpias (Olympiáda)   (D 3)

Der fast nur von Griechen besuchte Küstenort (640 Ew.) mit

schönen Stränden wurde 1923 von kleinasiatischen Flüchtlingen gegründet. Nur wenige hundert Meter von der heutigen Siedlung entfernt aber stand auch in der Antike schon eine Stadt: Das alte *Stagirá*, 384 v. Chr. Geburtsort des Philosophen Aristoteles. Noch andauernde ★ Ausgrabungen auf der kleinen, felsigen Halbinsel Liotópi unmittelbar östlich Olýmpias haben bisher vor allem die Stadtmauern, mehrere Häuser und Straßen ans Tageslicht gebracht. *Frei zugänglich*

Pyrgadíkia   (D 4)
Das von Flüchtlingen 1923 gegründete Küstendorf (480 Ew.) zieht sich vom kleinen Hafen den steilen Hang eines Kaps hinauf. Einen Zwischenstopp lohnen die beiden Fischtavernen *O Stavros* und *O Vasilis* am Bootsanleger *(Kategorie 2)*.

Stagirá (Stajira)   (D 3)
Das Bergdorf (520 Ew.), das heute den Namen des antiken Stagirá trägt, findet sich nur schwer damit ab, nach der Entdeckung des alten Stagirá bei

Olýmpias nicht mehr als Geburtsort des Aristoteles gelten zu können. Man ist weiterhin stolz auf ihn und hat ihm in einer Parkanlage nahe der Hauptstraße ein Denkmal errichtet, über dem die griechische Flagge weht. Ein paar Schritte davon entfernt ragen noch die spärlichen Überreste einer türkischen Festung aus dem 16. Jh. auf. *Frei zugänglich*

Stratónion (Stratoniki)   (D 3)
Im meist Stratóni genannten Dorf (1420 Ew.) an der Küste wird Bergbau betrieben. Als Badeort ist es daher indiskutabel.

Taxiárchis   (C 3)
Das stille Bergdorf (1310 Ew.) lebt von der Forstwirtschaft und Imkerei. Unter anderem hat man sich hier auf den Anbau von Weihnachtsbäumen spezialisiert. Zum Erlebnis gerät ein Besuch in der ★ Taverne *O Sogambros* außerhalb des Dorfes an der Straße von Arnéa nach Taxiárchis. Ein Original ist der Wirt, der unter hohen Eichen nicht nur frisches Ziegenfleisch und Landwürste, Rotwein vom Berg Athos

---

Urlaub auf dem Lande

Die Mitglieder der Hoteliersvereinigung der Chalkidikí blicken über das eigene Tellerrand. Man unterstützt mit Werbung und Know-how ein europäisches Entwicklungsprogramm, das auch ein wenig Fremdenverkehr in die Bergdörfer der Chalkidikí tragen soll. Solch eine Übernachtung in einem echten Bauerndorf läßt sich gut in eine zwei- oder dreitägige Rundreise einbauen und vermittelt Eindrücke, wie man sie in den Küstenorten nicht gewinnen kann. Privatzimmer gibt es bisher in Megáli Panagiá, Stanós, Taxiárchis, Vávdos und Vrástama. Man frage danach in den örtlichen Kaffeehäusern, im Rathaus von Arnéa oder am Schalter der Chalkidikí Hotel Association in der Ankunftshalle des Flughafens von Thessaloníki.

und Kastanienhonig serviert, sondern auch Weihnachtsbäume verkauft und selbstgebrannten Tresterschnaps *(Kategorie 3)*.

GERAKINÍ (JERAKINI)

(C 4) Gerakiní (500 Ew.) ist ein deutlich zweigeteilter Ort. Landeinwärts liegen nördlich der Küstenstraße die alte Bergarbeitersiedlung und die Magnesitwerke der Region. Am Meer entlang erstreckt sich die neue Küstensiedlung mit Hotels, Tavernen und Geschäften. Die Magnesitverschiffungsanlage stört hier das Strandleben kaum. Wenn kleinere Frachter anlegen oder größere draußen auf Reede mit Hilfe von Lastkähnen beladen werden, ist das eher eine freudig zur Kenntnis genommene Abwechslung. Sehenswürdigkeiten oder gar Museen hat der Ort nämlich nicht zu bieten.

Oasis

Restaurant mit schöner Terrasse direkt am Strand und einem britisch-griechischen Wirtsehepaar, das fließend deutsch, englisch und französisch spricht. Man serviert griechische Küche, Pizza und exzellente Steaks und kocht für Stammgäste auf Wunsch auch Gerichte, die nicht auf der Karte stehen. Während großer Sportereignisse (Fußball, Olympiade) zeigt man die deutsche Originalübertragung auf Großbildleinwand. *An der Uferstraße zwischen Hotel Dias und Hotel Gerakina Beach, Kategorie 2*

Aphroditi Beach

Von einem französisch-griechischen Paar sehr familiär geführtes Hotel unmittelbar am Strand mit

Überreste der antiken Stadt Olynthos

schönem Garten, gutem Restaurant und hervorragendem Preis-Leistungs-Verhältnis. Die Wassersportmöglichkeiten des benachbarten Hotels *Gerakina Beach* können gegen Gebühr mitbenutzt werden. *13 Zi., unmittelbar östlich des Großhotels Gerakina Beach, Tel. 0371/514 44, Fax 514 74, Kategorie 3*

Gerakina Beach

Große Hotelanlage mit Haupthaus und Bungalows auf 122 000 qm. Pool und beheizbares Hallenbad, Sauna und drei Tennisplätze, Kinderclub und Animationsprogramm, großes Wassersportangebot. *503 Zi., Tel. 0371/513 37, Fax 521 18, Kategorie 2*

ZIELE IN DER UMGEBUNG

Néa Moudianá
(Néa Mudaniá)   (B–C 4)

Die große, überwiegend aus neueren Häusern bestehende Küstengemeinde (4 400 Ew.) gilt als Tor zur Kassándra und zur Sithonía. Im Auto fährt man auf der Schnellstraße daran vorbei; für Linienbusse aber ist der Ort ein wichtiger Verkehrsknotenpunkt. Sehenswürdigkeiten gibt es nicht.

Olynthos   (C 4)

★ Einige Kilometer abseits des Meeres liegt zwischen der Kassándra und der Sithonía in der überwiegend von Getreidefeldern ausgefüllten Ebene das große Dorf Néa Olynthos (1 080 Ew.). Etwa 2 km außerhalb des heutigen Dorfes legen Archäologen auf einem Hügel die Überreste der antiken Stadt Olynthos frei. Vom Kassenhäuschen führt ein 700 m langer, von Oleander

gesäumter, aber völlig schattenloser Weg hinauf. Kurz vor seinem Ende zweigt ein Pfad nach rechts oben auf eins der beiden Gipfelplateaus des Hügels ab. Dort liegen die eher spärlichen Ruinen der bereits im 6. Jh. v. Chr. gegründeten Stadt. Viel interessanter ist das jüngere Grabungsfeld auf dem Plateau am Ende des Weges: Hier bedecken die Ausgrabungen eine weite Fläche, sind Grundrisse vieler Häuser und gepflasterte Straßen noch deutlich zu erkennen. Dieser neuere Teil des antiken Olynthos wurde erst nach 432 v. Chr. gegründet. Die Flotte der Athener bedrohte damals die Städte der Chalkidikí. Die Bewohner mehrerer Küstenstädte beschlossen daraufhin, ihre Heimat zu verlassen und sich im sichereren Olynthos niederzulassen. Alle Neusiedler erhielten daraufhin auf diesem zweiten Hügelplateau per Losentscheid ein gleich großes Grundstück zugewiesen, auf dem sie bauen durften. Das Straßennetz der Stadt entstand auf dem Reißbrett und ergab ein Schachbrettmuster. Die Innenraumaufteilung der Häuser war zwar unterschiedlich, folgte aber einem gemeinsamen Grundprinzip. Stets führte der Eingang auf einen Innenhof. Von ihm gingen mehrere Repräsentationsräume ab. Eine Treppe führte hinauf in ein Obergeschoß, in dem die Wohngemächer lagen. In drei der Häuser sind noch die damals allgemein üblichen Mosaike zu sehen. Zwei sind rein geometrisch, eins zeigt zwei Greife, die gerade einen Hirsch schlagen. 348 v. Chr. zerstörte Philipp II., der Vater von Alexander dem Großen, die Stadt; ihre Bewohner wurden getötet oder in die Sklaverei verkauft. *Di–Fr 8.30–15 Uhr, an der Küstenstraße und im Dorf Néa Olynthos ausgeschildert*

Ormýlia (C 4)
❂ Das große Binnendorf (2800 Ew.) 7 km abseits der Küste besitzt einen alten Ortskern mit mehreren stattlichen Häusern aus dem vorigen Jahrhundert.

Petralóna (B 4)
★ Ein gut besuchtes Ausflugsziel auf der Chalkidikí ist die Tropfsteinhöhle beim Dorf Petralóna (380 Ew.). In ihr wurde der Schädel eines Menschen gefunden, der vor etwa 200 000 Jahren gelebt haben muß. Primitive Steinwerkzeuge lassen sogar darauf schließen, daß die Höhle schon vor etwa 700 000 Jahren von Menschen genutzt wurde. Gefunden wurden auch Knochen manch längst ausgestorbener Tierarten wie Frühformen der Hyäne, des Löwen und des Nashorns. Ein Rundgang durch die stets 17–18 Grad kühle Höhle dauert etwa 30 Minuten; man sieht dabei außer verschiedenen Tropfsteinformationen auch einige mit Puppen in Menschengröße nachgestellte Szenen. Sie sollen einen Eindruck vom Leben in der Höhle während der Altsteinzeit geben. *Zufahrt zur Höhle gut ausgeschildert, tgl. 9 bis 18.30 Uhr, Nov.–März nur bis 15 Uhr*

POLÝGYROS

(C 4) Die Verwaltungshauptstadt der Chalkidikí (6000 Ew.) liegt auf über 500 m Höhe in einer Talmulde. Stillose Neubauten und verfallende ältere Häuser sind bunt durcheinandergemischt. Von Schönheit kann keine Rede sein. Als Standort für Urlauber, die nicht unbedingt das Meer vor der Hoteltür brauchen, ist es dann geeignet, wenn man Ruhe und Ursprünglichkeit sucht und das etwas kühlere Klima zu schätzen weiß. Linienbusse fahren von hier aus in viele Orte der Kassándra und der Sithonía.

Archäologisches Museum
Im einzigen archäologischen Museum der Chalkidikí werden hauptsächlich Grabfunde aus verschiedenen antiken chalkidischen Städten wie Olynthos, Ierissós und Toróni ausgestellt. Auch einige Architekturfragmente vom Tempel des Ammon Zeus in Kallithéa auf der Kassándra sind zu sehen. Besonders eindrucksvoll sind die etwa 60 cm hohe Figur eines nackten Jünglings (Kouros) aus archaischer Zeit, Goldschmuck aus der Zeit um 300 v. Chr. und einige Terrakotten, die alltägliche Szenen wiedergeben, wie z. B. Brotteig ausrollen oder Brot backen. Auch eine Figur in einer Badewanne ist zu entdecken. *Platía Iroou (am Rand der Innenstadt an der Straße nach Thessaloníki), Di–So 8.30–15 Uhr*

Epikouros
Gepflegte Taverne im Stadtzentrum auf einer kleinen Terrasse unter hoher Platane. *Odos Polytechniou/Ecke Odos Voulgaroktonou, Kategorie 3*

Exi Vryses
Restaurant im kleinen Stadtpark am Busbahnhof. *Kategorie 3*

Lieblich gehügelt ist die Umgebung von Vrástama

EINKAUFEN

Acordo Music House
Gute Auswahl an Schallplatten mit moderner und traditioneller griechischer Musik. *Odos Polytechniou 35*

Agiografeio Tavitha
Kleines Spezialgeschäft für Ikonen und moderne griechische Kunst, Drucke und Karten. Nicht auf Touristen, sondern auf einheimische Kundschaft ausgerichtet. *Odos Georgios Tertseti 3 (zwischen Telefonamt OTE und Gerichtsgebäude)*

HOTEL

Glava
Ganz ruhig am Berghang oberhalb der Stadt nahe beim Krankenhaus gelegenes Hotel mit gut englischsprechendem Wirt, nur Mai bis Sept. geöffnet. *Entfernung vom Zentrum 800 m. 18 Zi., Tel. 0371/242 22 und 232 48, Kategorie 3*

AUSKUNFT

Touristenpolizei
Platía Iroou (am Rand des Stadtzentrums beim nicht zu übersehenden Gartencafé Tiberius), Tel. 0371/ 234 96

ZIELE IN DER UMGEBUNG

Galatísta (B 3)
In dem großen Dorf (2 700 Ew.) an der Hauptstraße von Arnéa und Polýgyros nach Thessaloníki steht weithin sichtbar ein mächtiger Turm aus dem 14. Jh., also aus byzantinischer Zeit. *Keine Innenbesichtigung möglich*

Vrástama (C 4)
★ ✪ Das abseits aller Durchgangsstraßen gelegene Bergdorf (1250 Ew.) besitzt einen ursprünglichen Dorfplatz mit mehreren guten Kaffeehäusern. Der Wirt im Kaffeehaus *Tó Kentro* serviert auch den äußerst seltenen, in diesem Ort aber gebrannten Sanddornschnaps *Koúmaro.*

79

Mehr von Griechenland entdecken

Organisierte Tagesausflüge führen bis zum Olymp und zu den Meteóra-Klöstern

Die Chalkidikí ist ein schöner Teil Griechenlands, aber keineswegs repräsentativ für ganz Hellas. Wer einen vollständigeren Eindruck von Land und Leuten gewinnen will, muß die Drei-Finger-Welt verlassen.

Ein Besuch in Thessaloníki lohnt auf jeden Fall. Diesen Ausflug kann man mit dem Linienbus ebensogut unternehmen wie mit dem teureren Ausflugsbus. Ein Mietwagen ist für diese Tour wegen der Parkplatzprobleme vor Ort nicht zu empfehlen.

Die anderen Höhepunkte Makedoniens liegen weiter von der Chalkidikí entfernt. In Vergína gehören die makedonischen Gräber zu den bedeutendsten antiken Stätten des Landes. Im Museum von Díon steht eine der ältesten Orgeln der Welt. Eine Fahrt zu den Meteóra-Klöstern ist ein schönes Landschaftser-

Russánou ist das kleinste Kloster auf den imposanten Meteóra-Felsen

lebnis: Man kommt nahe am Olymp vorbei und steht staunend vor den mit Klöstern bekrönten Felsnadeln im Pínios-Tal. Für all diese Touren empfiehlt sich die Teilnahme an organisierten Busausflügen. Ein Mietwagen ist hingegen unerläßlich, wenn man Philíppi besuchen möchte, wo einst der Apostel Paulus die erste christliche Gemeinde auf europäischem Boden gründete. Organisierte Ausflüge dorthin werden nämlich nur selten angeboten. Unterwegs kann man Kavála mit seiner schönen Altstadt und prächtigen Villen aus der Zeit um die Jahrhundertwende besuchen.

DÍON

(O) Díon liegt 90 km südwestlich von Thessaloníki in der Küstenebene zu Füßen des 2917 m hohen Olymp. Am Dorfrand graben Archäologen eine ummauerte Stadt aus, die im 5. und 4. Jh. v. Chr. eins der beiden großen kultischen Zentren Makedoniens war.

MARCO POLO TIPS FÜR MAKEDONIEN

1 Weißer Turm
Wahrzeichen von Thessaloníki und interessantes Museum (Seite 87)

2 Marktviertel
Im Marktviertel von Thessaloníki spürt man noch einen deutlichen Hauch des Orients (Seite 86)

3 Museum von Vergína
Sehen, wo Philipp II., der Vater von Alexander dem Großen, ruhte (Seite 88)

4 Meteóra-Klöster
Eine unvergleichliche Landschaft und Klöster, die auch Frauen betreten dürfen (Seite 83)

BESICHTIGUNG

Eine antike Straße führt ins Grabungsgelände hinein. Gleich links oberhalb davon liegen ein kleines römisches Theater *(Odeon)* und die römischen Thermen sowie zwischen Odeon und Straße eine gut erhaltene Gemeinschaftslatrine. Rechts der Straße sind die Grundrisse einer großen römischen Villa zu erkennen. Auf der anderen Seite der modernen Straße, die durch das Ausgrabungsgelände führt, sind in einem idyllischen Wäldchen die gut erhaltenen Mauern eines Isis-Heiligtums zu finden. Am Weg zum Dorf ist deutlich das große Theater aus dem späten 5. Jh. v. Chr. zu sehen. *Tgl. 8 Uhr bis Sonnenuntergang oder 20 Uhr*

MUSEUM

Archäologisches Museum
Das bedeutendste Ausstellungsobjekt im dreigeschossigen Museum mitten im Dorf ist eine erst 1992 entdeckte Orgel aus dem 2. Jh. n. Chr. *Mo 12.30–17 Uhr, Di–So 8–19 Uhr, im Winter bis 17 Uhr*

HOTEL

Díon
Kleines, modernes Hotel im Dorf. *20 Zi., Tel. 0351/533 36, Kategorie 3*

KAVÁLA

(F 1) Der historische Stadtkern der Haupt- und Hafenstadt Ost-Makedoniens (56 000 Ew.) ist die auf einer Halbinsel gelegene, zum Teil noch ummauerte Altstadt. Westlich davon liegt das heutige Stadtzentrum mit der Platía Eleftherías als Zentrum.

BESICHTIGUNGEN

Altstadt
An ihrem höchsten Punkt steht eine 1425 von den Türken erbaute Burg. Auf dem Weg hinauf durch die Odos Polidou passiert man das Imaret mit seinen vielen Kuppeln, eine zuletzt als Armenhaus genutzte Koranschule. Besonders sehenswert ist auf halbem Weg das 1720 erbaute Geburtshaus von Mehmet Ali, dem Begründer der letzten ägyptischen Königsdynastie.

Villen

Bis zum Zweiten Weltkrieg war Kavála eines der bedeutenden Tabakverarbeitungs- und Handelszentren des Balkans. Vom Wohlstand seiner Kaufleute zeugen prächtige Villen aus dem 19. und frühen 20. Jh. Die meisten stehen an der *Odos Kyprou.* Ein imposantes und gut restauriertes Tabaklagerhaus beherrscht die *Platía 28is Oktovríou.*

AUSKUNFT

Griechische Zentrale für Fremdenverkehr
Hier gibt es auch Stadtpläne und Theaterkarten für die Festspiele in Philíppi. *Mo–Fr 7–14.30 Uhr, Platía Eleftherías, Tel. 051/22 87 62*

METEÓRA-KLÖSTER

(O) ★ Die 250 km von Thessaloníki entfernten Meteóra-Felsen können der Höhepunkt einer Griechenlandreise sein. Eine weltweit einzigartige Landschaft verbindet sich hier mit mittelalterlichen Klöstern und einer eindrucksvollen Gebirgskulisse. Diese Klöster dürfen auch von Frauen betreten werden. Ruhe herrscht hier im Sommer freilich nicht mehr, mit Reisebuskolonnen muß gerechnet werden. Wer über Nacht bleiben möchte, sollte ein Quartier im schönen Dorf ⚜ Kastráki der den Klöstern benachbarten Kleinstadt Kalambáka vorziehen.

BESICHTIGUNGEN

Kloster Ágios Stéfanos
Das einzige bequem ohne Treppensteigen zu erreichende der sechs zu besichtigenden Klöster wird von Nonnen bewohnt. Die Klosterkirche aus dem 18. Jh. wird zur Zeit im traditionellen Stil ausgemalt. *Di–So 9–13 und 15–17 Uhr*

Kloster Megálo Meteóro
Das älteste, rangmäßig höchste und größte Kloster wird von Mönchen bewohnt. Hier sieht man noch die Seilwinde, die früher die einzige Zugangsmöglichkeit bot. Auch historische Vorrats- und Wirtschaftsräume sind zu besichtigen. In der Klosterkirche sind viele Fresken aus dem 15. Jh. gut erhalten. *Mo–Mi 9–13 und 15–17 Uhr*

Kloster Roussánou
Das kleinste der Klöster, dessen Bauten überwiegend aus dem 16. Jh. stammen, erstreckt sich auf einem winzigen Felsplateau über drei Etagen. *Im Sommer tgl. 9 bis 18 Uhr, sonst Do–Di 9–13 und 15.30–17 Uhr*

Kloster Varlaám
Die Kirchen dieses Klosters sind mit sehr gut erhaltenen Fresken aus dem 16. Jh. ausgestattet. Im Klostermuseum sind Ikonen und illuminierte Handschriften zu sehen. *Sa–Do 9–13 und 15–17 Uhr*

HOTELS

Kastráki
Den Klöstern am nächsten gelegenes Hotel in Kastráki zwischen der Stadt Kalambáka und den Felsen, unmittelbar an der Hauptstraße. *27 Zi., Tel. 0432/263 36, Fax 263 35, Kategorie 2*

Ziogas

⚜ Privathotel mit herrlichem Klosterblick. *8 Zi., in Kastráki*

*rechts der Hauptstraße zu den Klö-
stern, Tel. 0432/240 37, Kategorie 3*

Touristenpolizei
*Odos Rammidi 33, Kalambáka, Tel.
0432/228 13*

PHILÍPPI (FILIPPOI)

(**F 1**) Die Ausgrabungen von
Philíppi liegen zu beiden Seiten
einer vielbefahrenen Straße am
Rande eines breiten Tals zwischen zwei Höhenzügen. Hier
gründete der Apostel Paulus die
erste christliche Gemeinde auf
europäischem Boden. Etwa 100
Jahre früher, 42 v. Chr., war die
Ebene Schauplatz der Entschei-
dungsschlacht zwischen den Cä-
sarmördern Cassius und Brutus
einerseits und andererseits Anto-
nius und Octavian, dem späteren
Kaiser Augustus.

BESICHTIGUNGEN

Ausgrabungen
Rechts der viel befahrenen Straße
von Kavála nach Dráma liegt das
antike Theater, in dem im Sommer gelegentlich noch antike
Dramen aufgeführt werden.
Außerdem sind hier die Umrisse
zweier frühchristlicher Basiliken
zu erkennen. Links der Straße ragen die Mauern der Direklar-Ba-
silika noch in fast ursprünglicher
Höhe auf. Zwischen dieser Basilika und der Straße erstreckt sich
das weitläufige römische Forum,
unmittelbar unterhalb der modernen Straße ist die Original-
pflasterung der römischen Via
Egnatia zu erkennen, die einst
Konstantinopel mit der Adria
verband. Auf der anderen Seite
der Basilika erkennt man in einer
Bodenvertiefung Latrinen. *Di bis
So 8.30–15 Uhr*

HOTEL

Lydia
Modernes Hotel mit gutem Restaurant in ländlicher Umgebung. *40 Zi., 2 km von den Ausgrabungen entfernt an der Straße nach
Dráma, Tel. 051/51 62 03, Fax
51 69 61, Kategorie 2*

THESSALONÍKI

(**A 2–3**) Die Hauptstadt Makedoniens, die zusammen mit ihren
Vororten etwa 1 Million Einwohner zählt, ist eine schöne Stadt.
Ihr weitläufiges historisches Zentrum ist teilweise noch von me-
terhohen Stadtmauern aus byzantinischer Zeit umgeben, als
Thessaloníki die bedeutendste
Stadt Griechenlands war und
eine der großen Städte des Osmanischen Reichs. Davon zeugen noch mehrere türkische Bä-
der, Moscheen und Basare. Bis
Thessaloníki 1912 dem freien
Griechenland zugehörig wurde,
waren Griechen in seinen Mauern nur eine Minderheit. Die
Mehrheit bildeten Juden und
Türken sowie eine starke inter-
nationale Gemeinde. Die 60 000
Juden Thessaloníkis wurden fast
alle während der deutschen Be-
satzungszeit in Vernichtungslager
deportiert.
Im Jahr 1917 zerstörte ein
Großbrand weite Teile der Un-
terstadt. Sie wurde in den folgen-
den zwei Jahrzehnten neu erbaut, ist von breiten Straßen und
Plätzen und einer Vielzahl kleiner Alleen durchzogen. Daran
schließt sich hangwärts die Alt-

stadt mit ihren verwinkelten Gassen an. Den obersten Teil des Berges bildet das noch immer vollständig von hohen Mauern umgebene Kástro mit der Zitadelle Eptapyrgío am höchsten Punkt. Im Kástro-Viertel fühlt man sich wie in einem Dorf.

Wer Thessaloníki auf eigene Faust mit dem Linienbus besucht, kommt am weit vom Zentrum entfernten Chalkidikí-Busbahnhof an. Von hier nimmt man sich am besten ein Taxi ins Zentrum, z. B. zur Platía Aristotélous, dem Prachtplatz der Stadt unmittelbar am Meeresufer. Ein etwa fünfstündiger Rundgang könnte vom Aristoteles-Platz zunächst durchs Marktviertel führen, dann hinauf zur Dimítrios-Kirche und wieder abwärts zum Römischen Forum. Weiter geht es zur Rotonda und zum Galerius-Bogen, dann eventuell ins Archäologische und Byzantinische Museum. Von dort sind es nur wenige Schritte zum Weißen Turm. Von ihm kehrt man in 10 Minuten am Meer entlang zum Aristoteles-Platz zurück oder unternimmt noch einen Schlenker zur Agía Sophía und zum Galerius-Palast. Um auch die Altstadt und das Kástro-Vietel zu erkunden, benötigt man den Abend oder einen zweiten Tag.

BESICHTIGUNGEN

Agía Sophía   (C 9)

In der Kirche aus dem 8. Jh. sind einige meisterhafte Mosaiken aus dem 8. und 12. Jh. erhalten. *Platía Agías Sofías, tgl. 7.30–12 und 17–20.30 Uhr*

Ágios Dimítrios   (C–D 8)

Die dem Schutzheiligen der Stadt geweihte Basilika birgt in einem silbernen Sarkophag im linken Seitenschiff die Gebeine des hl. Demetrios. 303 starb er den Märtyrertod in den römischen Thermen, von denen sich in der Krypta der Kirche noch Reste erhalten haben. *Odos Agiou Dimitriou, tagsüber ständig geöffnet*

Bunte Vielfalt finden Sie im Marktviertel von Thessaloníki

Galerius-Bogen (D 9)

Der nur teilweise erhalten Triumphbogen wurde 297 n. Chr. zur Erinnerung an einen gewonnenen Feldzug des römischen Kaisers Galerius errichtet. Auf zahlreichen Reliefplatten sind Szenen aus jenen Kämpfen dargestellt. *Via Egnatía, frei zugänglich*

Galerius-Palast (D 10)

Vom gigantischen Palast, den Galerius sich in dem von ihm zur römischen Hauptstadt erhobenen Thessaloníki erbauen ließ, zeugen noch mächtige Mauern vor einer tristen Hochhauskulisse. *Platía Navarinou, frei einsehbar*

Kástro-Viertel (E-F 7)

⚜ ✪ Das auch Akropolis genannte Viertel oberhalb der Altstadt bezaubert durch seinen dörflichen Charakter und urige Tavernen. Der Blick von hier oben reicht über die gesamte Stadt und bei klarer Sicht sogar übers Meer bis zum Olymp. Mit dem Linienbus 29 gelangt man von der Platía Eleftherias aus (300 m vom Aristoteles-Platz entfernt) schnell und preiswert hinauf.

Märkte (C 9)

Das ★ Marktviertel der Stadt liegt zwischen der Odos Tsimiki und der Via Egnatia, Odos El. Venizelou und Odos Agias Sofias. In der Markthalle zwischen Odos Ermou und Odos Irakliou werden vor allem Fleisch und Fisch verkauft. Lebensmittel aller Art bietet der nördlich daran anschließende Vlali-Markt. Besonders malerisch ist auch der Blumenmarkt im alten türkischen Bad Jiachoudi Hamam an der Ecke Odos Irakliou/Odos Frangon. *Mo–Sa 6–14 Uhr*

Römisches Forum (C 8)

Bei den noch andauernden Ausgrabungen wurden bisher ein Odeon und eine einzigartige unterirdische Passage freigelegt, an der Lagerräume lagen. Das ganze Gelände soll ab 1997 für Ausstellungen und Konzerte genutzt werden. *Platía Dikastirion*

Der Aristotelesplatz ist Treffpunkt für alt und jung

Rotonda (D 9)

Ob die Rotonda nach ihrer 1996 abgeschlossenen Restaurierung wieder zur Kirche oder zu einem Museum wird, ist in der Stadt heftig umstritten. Geschaffen wurde der Rundbau im 4. Jh. als Mausoleum für Kaiser Galerius. Kurz darauf wurde er durch Anfügung einer Apsis zur Kirche. Die Türken verwandelten die Kirche in eine Moschee und verpaßten ihr ein Minarett. *Einige Schritte nördlich des Galerius-Bogens*

Weißer Turm (C–D 11)

★ � Das Wahrzeichen Thessaloníkis wurde von den Türken im 16. Jh. zur Verstärkung der Seemauer erbaut. Heute ist in dem 35 m hohen Turm ein interessantes Museum untergebracht, das über die mittelalterliche Geschichte der Stadt aufklärt und zahlreiche Ikonen zeigt. Vom Dach des Turms aus überblickt man weite Teile der Stadt. *Leoforos Nikis (Uferstraße), Mo 12.30–19, Di–Fr 8–19, Sa und So 8.30–15 Uhr*

MUSEEN

Archäologisches Museum (D 11)

Hier sind die Funde aus dem Grab von Philipp II. ausgestellt. *Platía Ianti, Mo 12–19, Di–Fr 8.30–19 (im Winter bis 17 Uhr), Sa und So 8.30–15 Uhr*

Byzantinisches Museum (D–E 11)

Das 1997 mit einer großen Ausstellung von Kunstschätzen aus den Athos-Klöstern eröffnete Museum soll auch danach vor allem Ikonen zeigen. *Leoforos Stratou (neben dem Archäologischen Museum), Öffnungszeiten bei Redaktionsschluß noch unbekannt*

RESTAURANTS

Besonders viele Restaurants gibt es im restaurierten Gewerbeviertel Ladadikó nahe dem Hafen. Auch im Marktviertel und in den Markthallen kann man mittags essen.

Aristotelous (C 9)

Ouzeri, in der man viele verschiedene Kleinigkeiten bestellt. Etwas versteckt in einem Hinterhof nahe dem Aristotelesplatz gelegen. *So und vier Wochen im Hochsommer geschl., Odos Aristotelous 8, Kategorie 1*

Zythos (B 8)

Bistroartiges Restaurant im Szeneviertel Ladadika, exzellente Küche, ausgefallene Spezialitäten, 41 verschiedene Biersorten. *Odos Katouni, Kategorie 1*

EINKAUFEN

Haupteinkaufsstraßen sind die Odos Tsimiski und Via Egnatia.

Blow up (C 9)

CD's mit internationaler und griechischer Musik in großer Auswahl und mit guter, mehrsprachiger Beratung. *Odos Aristotelous 8*

Makis P. Sismandidis (C 8)

Kupfer- und Messingwaren aus eigener Werkstatt. *Odos Challkeon 13*

HOTELS

Esperia (C 8)

Zentral und relativ ruhig gelegenes Hotel. *70 Zi., Odos Olympou 58, Tel. 031/26 93 31, Fax 26 94 57, Kategorie 1*

Orestias Kastoria (C 8)

Sehr einfaches, aber sauberes Hotel in zentraler Lage. Nur Etagenbäder. *19 Zi., Odos Agnostou Stratiotou 14/Ecke Odos Olympou, Tel. 031/27 65 17, Kategorie 2*

Park (C 8)

Modernes, relativ ruhig gelegenes Hotel. *56 Zi., Odos Ionos Dragoumi 81, Tel. 031/52 41 21, Fax 52 41 93, Kategorie 1*

AM ABEND

Zentrum des Nachtlebens sind das Ladadikó-Viertel und das Kástro-Viertel.

AUSKUNFT

Griechische Zentrale für Fremdenverkehr

Platía Aristotelous 8, Tel. 031/27 18 88

VERGÍNA

(O) Das Dorf 65 km westlich von Thessaloníki ist für Griechenland seit den 90er Jahren eine Art Nationalheiligtum. Hier wurde neben vier weiteren Grabmonumenten vor allem das Grab des makedonischen Königs Philipp II. gefunden, dem Vater von Alexander dem Großen. Seine Asche lag in einem goldenen Kasten, die mit einem goldenen Stern verziert war. Der Stern ist heute das Symbol Makedoniens.

Das 1977/78 entdeckte, mit gut erhaltenen Wandmalereien ausgetattete Grab lag unter einem 13 m hohen, damals noch bewachsenen Erdhügel mit 110 m Durchmesser. Er wurde von den Archäologen vollständig abgetragen. Die Gräber wurden restauriert. Dann wurde mit Unterstützung der EU eine moderne Betonkonstruktion in Form des früheren Grabhügels errichtet. Sie umhüllt heute ein äußerst futuristisch anmutendes Museum, von dem die fünf Gräber ein Teil sind.

BESICHTIGUNGEN

Palast

Außerhalb des heutigen Dorfes kann man die Überreste eines etwa 9 000 m^2 großen, um 310 v. Chr. erbauten Palastes besichtigen. Unmittelbar unterhalb davon sind die Konturen des erst 1981 entdeckten Theaters freigelegt, in dem Philipp II. 336 v. Chr. ermordet wurde. Links der Straße vom Dorf zum Palast ist außerdem ein teilweise rekonstruiertes makedonisches Grab aus der zweiten Hälfte des 3. Jhs. v. Chr. zu besichtigen. *Mo 13 bis 15 Uhr, Di–So 8–15 Uhr*

MUSEUM

Grabhügel

★ Effektvoll angestrahlt und durch Skizzen und Fotos erklärt werden die drei Gräber: neben dem Philipps das von Alexander IV., einem Sohn Alexander des Großen, und das Kleopatras, der Gemahlin Philipp II. (nicht identisch mit der berühmten Ägypterin). *Tgl. 8–19 Uhr bzw. bis Sonnenuntergang*

HOTEL

Vergína

☂ Pension mit großen Zimmern und Sonnenterrasse. *12 Zi., im Dorf nahe der Hauptstraße, Tel. 0331/925 10, Kategorie 3*

Von Auskunft bis Zoll

Hier finden Sie kurzgefaßt die wichtigsten Adressen und Informationen für Ihre Griechenlandreise

AUSKUNFT VOR DER REISE

Griechische Zentrale für Fremdenverkehr
Neue Mainzer Str. 22, 60311 Frankfurt/Main, Tel. 069/23 65 61-63, Fax 23 65 76
Wittenbergplatz 3A, 10789 Berlin, Tel. 030/217 62 62, Fax 217 79 65
Abteistr. 33, 20149 Hamburg, Tel. 040/45 44 98, Fax 44 96 48
Pacellistr. 2, 80333 München, Tel. 089/22 20 35-36, Fax 29 70 58
Opernring 8, 1015 Wien, Tel. 0222/512 53 17, Fax 513 91 89
Löwenstr. 25, 8001 Zürich, Tel. 01/221 01 05, Fax 212 05 16

ARZT

Die ärztliche Versorgung ist auf der Chalkidikí dank privater Initiative besser als in vielen anderen Teilen Griechenlands. Eine Reihe von Ärzten hat sich hier zur Halkidiki Health Service Ltd. zusammengeschlossen. Sie unterhält einen 24-Stunden-Notrufdienst, nennt angeschlossene Ärzte in den einzelnen Urlaubsorten, organisiert den Krankentransport, beschafft Rollstühle und Krücken und hilft bei Reparaturen von Brillen, Hörgeräten und Zahnersatz. Alle Leistungen müssen von Deutschen bar bezahlt werden. Bürger anderer Länder können teilweise ihre Auslandskrankenversicherug direkt mit den Ärzten abrechnen lassen. Zentrale: *Halkidiki Health Service Ltd., Kallithéa/Kassándra, An der Hauptstraße, Tel. 0374/251 66, Fax 0374/250 55.*

Darüber hinaus gibt es in Ágios Nikólaos, Kassandría, Néa Moudianá und Paleochóri staatliche Gesundheitszentren (Health Service ESY), in denen die Erstbehandlung kostenlos erfolgt. Für die Weiterbehandlung auf Krankenschein können auch die Vertragsärzte der griechischen Krankenkasse IKA in Anspruch genommen werden. Der deutsche Auslandskrankenschein muß dafür jedoch zunächst bei einem IKA-Büro gegen einen griechischen Krankenschein umgetauscht werden. Da die Prozedur umständlich ist und die Ärzte meist nur unwillig auf Krankenschein behandeln, ist der Abschluß einer privaten Auslandskrankenversicherung dringend anzuraten.

AUTO

Zur Einreise genügen der nationale Führer- und Kraftfahrzeugschein. Die Mitnahme einer internationalen grünen Versicherungskarte ist jedoch empfehlenswert. Das Tankstellennetz ist dicht, bleifreies Benzin und Diesel sind überall erhältlich. Zulässige Höchstgeschwindigkeit in Städten 50 km/h, auf Landstraßen 90 km/h, auf Schnellstraßen 110 km/h, auf Autobahnen 120 km/h. Promillegrenze 0,5. Anschnallpflicht auf den Vordersitzen. ADAC-Notruf ganzjährig in Athen *01/960 12 66* und *01/960 12 67*. Die Pannenhilfe des griechischen Automobilclubs ELPA ist landesweit unter der Rufnummer *104* erreichbar.

BANKEN UND GELDWECHSEL

Alle Banken wechseln Geld und lösen Reise- und Eurocheques ein. Auch die meisten Postämter wechseln Bargeld und lösen Reise-, aber keine Eurocheques ein. Private Wechselstuben und Reisebüros bieten den Originalkurs, erheben jedoch unterschiedlich hohe Wechselgebühren. Öffnungszeiten Banken *Mo–Do 8–14 Uhr, Fr 8–13.30 Uhr.* Postämter *Mo–Fr 7.30–15 Uhr.* Abhebungen vom Postsparbuch sind nicht möglich. Bei den Vertragsbanken der Kreditkartenunternehmen kann überall Bargeld gegen Vorlage der Kreditkarte abgehoben werden. Fast alle Geldautomaten akzeptieren Visacard und Eurocard. Mit der Eurochequekarte plus Geheimzahl können an Automaten der National Bank bis zu 100 000 Drs. abgehoben werden.

BUSSE

Linienbusse sind das wichtigste öffentliche Verkehrsmittel in Griechenland. Sie verbinden fast alle Orte der Chalkidikí mehrmals täglich mit Thessaloníki, wo Anschluß zu allen Städten Nord- und Mittelgriechenlands, vielen Städten auf dem Peloponnes sowie zu Athen besteht. Das wichtigste regionale Drehkreuz für die Halbinseln Kassándra und Sithonía ist Néa Moudianá. Gedruckte Fahrpläne gibt es nicht. Man informiert sich durch die Fahrplantafeln in den Busbahnhöfen oder fragt im Hotel.

CAMPING

Wildes Zelten ist verboten. An den Stränden der Chalkidikí gibt es jedoch zahlreiche Campingplätze, die auch Wohnwagen und Campmobile aufnehmen.

DISKOTHEKEN

Griechische Diskotheken öffnen meist erst gegen 22 Uhr. Eintritt wird nur selten verlangt, dafür sind die Getränke teuer (z.B. kostet ein Longdrink ca. 1200 bis 2000 Drs.)

EINREISE

Zur Einreise genügt ein gültiger Personalausweis. Kinder unter 16 Jahren müssen im Paß eines mitreisenden Elternteils eingetragen sein oder benötigen einen Kinderausweis.

EINTRITTSPREISE

Die Eintrittspreise zu den Museen und archäologischen Stätten sind sehr unterschiedlich. Sie betragen im Durchschnitt 500 Drs. Zwischen November und März ist der Eintritt sonntags frei. Ermäßigungen erhalten Senioren über 65 Jahre aus EU-Ländern. Ständig freier Eintritt wird Kindern und Jugendlichen sowie Studenten aus EU-Ländern (Internationaler Studentenausweis) und Journalisten (Presseausweis) gewährt.

FOTOGRAFIEREN UND FILMEN

Filmvorräte und vor allem auch Ersatzbatterien sollten mitgebracht werden, da sie in Griechenland teuer sind und die Auswahl gering ist. Es gibt viele Fotogeschäfte, die binnen weniger als einer Stunde Farbfilme entwickeln und gute Abzüge liefern.

KLIMA–REISEZEIT

Die Chalkidikí ist ein reines Sommerreiseziel. Die meisten Hotels und Campingplätze sowie viele Restaurants und Geschäfte sind nur von Mai bis Oktober geöffnet. Die Wassertemperaturen liegen nur zwischen Juni und Oktober über 20 Grad, die Tageshöchsttemperaturen klettern meist nur zwischen Juni und August über 30 Grad. Auf einen Regenschauer sollte man auch im Hochsommer vorbereitet sein. Landschaftlich ist die Chalkidikí im April und Mai am schönsten, wenn die vielen Wildblumen blühen.

KONSULATE

Deutsches Generalkonsulat
Odos Karolou Diehl 4, Thessaloníki, Tel. 031/23 63 15, Fax 24 03 93

Österreichisches Honorarkonsulat
Odos Egnatia 81, Thessaloníki, Tel. 031/23 65 00

Schweizer Honorarkonsulat
Leoforos Nikis 55, Thessaloníki. Tel. 031/23 44 42, Fax 22 49 68

MIETFAHRZEUGE

Mietwagen und -motorräder, Mopeds und Fahrräder können in den meisten Urlaubsorten gemietet werden, Autos auch am Flughafen von Thessaloníki. Der Fahrer eines Autos muß mindestens seit einem Jahr im Besitz des Führerscheins und mindestens 23 Jahre alt sein (bei Zahlung mit Kreditkarte 21 Jahre).

NATURISMUS

FKK ist in Griechenland offiziell verboten, wird jedoch an einsamen Stränden vielfach praktiziert. An baren Busen stört sich am Strand niemand.

POST-TELEFON

Post und Telefon sind in Griechenland zwei getrennte Organisationen. Postämter gibt es in allen Städten und größeren Dörfern. Sie sind *Mo–Fr von 7.30 bis 15 Uhr* geöffnet. Die Telefongesellschaft OTE unterhält in allen Städten Büros, von denen aus man telefonieren kann. Kartentelefone sind weit verbreitet. Telefonkarten für 100 Einheiten (1300 Drs.), 500 Einheiten (6000 Drs.) und 1000 Einheiten (11 500 Drs.) sind in den OTE-Büros und an vielen Kiosken erhältlich. Telefonate aus Hotels sind teuer.
   Vorwahlen: *Griechenland 0030, Deutschland 0049, Österreich 0043,*

Schweiz 0041; anschließend Vorwahl der gewünschten Stadt ohne die Null.

SPRACHE

Die Griechen sind stolz auf ihre eigene Schrift, die von keinem anderen Volk der Erde geschrieben wird. Für Aufschriften und Ortsschilder wird häufig zusätzlich unsere lateinische Schrift verwendet. Trotzdem ist es sehr hilfreich, die griechischen Buchstaben zu kennen. Die richtige Betonung ist für das Verstandenwerden sehr wichtig. Betont wird immer der Vokal, der den Akzent trägt. Schwierigkeiten macht die Transkription griechischer in lateinische Buchstaben. Die im Kartenteil dieses Reiseführers verwendete Umschrift entspricht einer offiziellen UN-Vereinba-

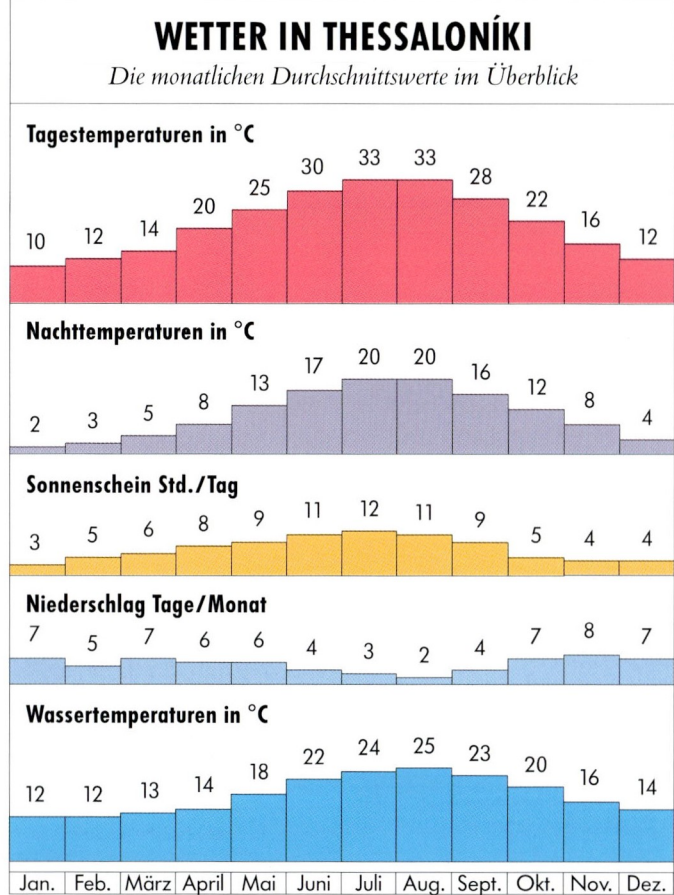

WETTER IN THESSALONÍKI
Die monatlichen Durchschnittswerte im Überblick

Tagestemperaturen in °C

Jan.	Feb.	März	April	Mai	Juni	Juli	Aug.	Sept.	Okt.	Nov.	Dez.
10	12	14	20	25	30	33	33	28	22	16	12

Nachttemperaturen in °C

Jan.	Feb.	März	April	Mai	Juni	Juli	Aug.	Sept.	Okt.	Nov.	Dez.
2	3	5	8	13	17	20	20	16	12	8	4

Sonnenschein Std./Tag

Jan.	Feb.	März	April	Mai	Juni	Juli	Aug.	Sept.	Okt.	Nov.	Dez.
3	5	6	8	9	11	12	11	9	5	4	4

Niederschlag Tage/Monat

Jan.	Feb.	März	April	Mai	Juni	Juli	Aug.	Sept.	Okt.	Nov.	Dez.
7	5	7	6	6	4	3	2	4	7	8	7

Wassertemperaturen in °C

Jan.	Feb.	März	April	Mai	Juni	Juli	Aug.	Sept.	Okt.	Nov.	Dez.
12	12	13	14	18	22	24	25	23	20	16	14

rung, wird in Griechenland selbst jedoch fast nie benutzt. Der Textteil orientiert sich an der richtigen Aussprache und den vor Ort üblichen Schreibweisen, die jedoch auch uneinheitlich werden. So kann es durchaus geschehen, daß ein und derselbe Ortsname auf Straßenschildern im Ort selbst und in seiner Umgebung in drei oder vier unterschiedlichen Versionen auftaucht. Da ist dann ein wenig Pfadfindergeist gefragt.

STROM

220 Volt Wechselstrom wie bei uns. Unsere Stecker passen meist.

TAXI

Taxis sind überall reichlich vorhanden und relativ preiswert. In den Städten fahren sie mit Taxameter. In den *agoraion* genannten Taxis in den Dörfern liegen Tariftabellen aus. Geringe Zuschläge, die das Taxameter nicht anzeigt, dürfen für Fahrten von Flughäfen und Häfen, für Gepäckstücke über 10 kg sowie für Fahrten in der Oster- und Weihnachtszeit erhoben werden. Zwischen 0 und 6 Uhr verdoppelt sich der Fahrpreis.

TIERE

Für Hunde wird ein amtstierärztliches Gesundheitszeugnis (darf nicht älter als 14 Tage sein) und eine Tollwut-Impfbescheinigung (nicht älter als zwölf Monate) verlangt.

TRINKGELD

Handhabung wie bei uns, mindestens aber 100 Drs.

WANDERUNGEN

In den meisten Mitgliedhotels der Chalkidikí Hotel Association kann eine Broschüre mit deutschsprachigen Wandervorschlägen gekauft werden. Alle darin beschriebenen Routen sind vor Ort gut ausgeschildert.

ZEIT

In Griechenland ist es ganzjährig eine Stunde später als bei uns.

ZEITUNGEN

Ausländische Tageszeitungen und Illustrierte sind in Städten und Urlaubsorten meist mit einem Tag Verspätung erhältlich. Im Lande selbst erscheinen die englischsprachige Tageszeitung *Athens News* und die deutschsprachige Wochenzeitung *Athener Zeitung.*

ZIMMERVERMITTLUNG

Wer ohne Hotelreservierung anreist, dann aber doch zumindest für die erste Nacht eine Zimmerreservierung wünscht, kann sich in der Ankunftshalle des Flughafens von Thessaloníki an den Auskunftsschalter der *Chalkidikí Hotel Association* wenden *(Tel. 0399/228 28, Fax 0399/226 50).*

ZOLL

Waren zum persönlichen Gebrauch können von EU-Bürgern innerhalb der EU zollfrei ein- und ausgeführt werden. Für zollfrei gekaufte Waren gelten weiterhin die bisherigen Obergrenzen: 200 Zigaretten, 1 l Spirituosen oder 2 l Wein.

Bloß nicht!

*Ausgesprochene Touristenfallen gibt es in Griechenland nicht.
Aber ein paar Dinge sollte man doch beachten*

Altes und Antikes

Antiquitäten, alte Webarbeiten und Stickereien sowie alte Ikonen dürfen nur mit besonderer Genehmigung ausgeführt werden. Wer von antiken Stätten Tonscherben mitnimmt, macht sich strafbar.

Bitte lächeln

Die meisten Griechen lassen sich gern fotografieren. Fotografen, die sich wie Jäger aufführen, mögen sie aber nicht. Bevor man den Auslöser drückt, sollte man höflicherweise mit einem Lächeln das Einverständnis des Motivs einholen.

Brandgefährlich

Die Waldbrandgefahr auf der Chalkidikí ist groß. Raucher und Camper werden um besondere Vorsicht gebeten.

Nicht vorschnell urteilen

Nicht immer ist der Urlauber, der sich übervorteilt fühlt, im Recht. Es gibt eine Reihe griechischer Eigenarten, die man kennen muß. Busfahrpreise z.B. können durchaus höher sein, als auf der Fahrkarte angegeben: Die Busgesellschaften sind sparsam und brauchen erst die alten Tickets auf. Um kleine Wechselbeträge kümmert man sich in Griechenland nicht. Wenn der Kassierer im Supermarkt 500 Drachmen verlangt, obwohl die Kasse nur 498 Drs. anzeigt, wird die Aufrundung von jedem Griechen akzeptiert.

Schickliche Bekleidung

Am Strand und in den Badeorten sind Griechen nackter Haut gegenüber tolerant. In Kirchen und Klöstern aber sind immer noch bedeckte Schultern und Knie erwünscht. In Dörfern wird man von den Einheimischen eher respektiert, wenn man nicht in Badekleidung durch die Gassen geht.

Telefonieren

Griechen ruft man nie zwischen 14 und 18 Uhr an! Bevor man von Reisebüros und Hotels aus Ferngespräche führt, sollte man sich nach dem Preis erkundigen. Mehr als 45 Prozent Aufschlag sind unzulässig.

Teurer Fisch

Frischer Fisch ist auch auf der Chalkidikí ausgesprochen teuer. Meist ist auf der Speisekarte der Kilopreis angegeben. Beim Auswiegen sollte man auf jeden Fall dabei sein, sich das Gewicht notieren lassen und den Preis überschlagen, damit es hinterher nicht zu bösen Überraschungen oder dem Gefühl kommt, übervorteilt worden zu sein.

REGISTER

*In diesem Register sind alle in diesem Führer erwähnten Orte und Inseln verzeichnet,
außerdem Sehenswürdigkeiten, die außerhalb von Ortschaften liegen. Halbfette Seiten-
zahlen verweisen auf den Haupteintrag, kursive auf Fotos.*

Was bekomme ich für mein Geld?

 Eine Mark ist zur Zeit etwa 156 Drs. wert. Was man dafür bekommt, hängt davon ab, wohin man geht. In einfachen Kaffeehäusern zahlt man für eine Tasse Nescafé nur 200 Drs., in schicken Cafés und Hotels kann er aber auch 600 Drs. kosten. Ebenso kann eine Halbliterflasche Bier 250 Drs., aber auch 900 Drs. kosten. Höhere Preise sind in Griechenland aber nur selten gleichbedeutend mit besserer Qualität.

Bei den Übernachtungskosten sind die Preisunterschiede für gleiche Leistungen weniger kraß. Einfache Doppelzimmer mit Dusche/WC bekommt man in der Hauptsaison schon für 6000 Drs.; für gute Doppelzimmer in Hotels muß man im Hochsommer mit Preisen ab 15 000 Drs. rechnen.

Mietwagen für 3 Tage gibt es ab etwa 30 000 Drs. Ein Tagesausflug mit Reiseleitung kostet von der Chalkidikí aus etwa 10 000 Drs. Für einen Liegestuhl plus Sonnenschirm am Strand zahlt man 600–1500 Drs., für eine Stunde Surfbrett etwa 3500 Drs., für eine Stunde auf dem Tennisplaz etwa 2500 Drs. Miete.

 Kreditkarten (insbesondere Visa und Eurocard) werden von nahezu allen Hotels, Reisebüros und Mietwagenfirmen sowie vielen Restaurants akzeptiert.

DM	Drs	Drs	DM
1	156	100	0,64
2	312	250	1,60
3	468	500	3,21
4	624	750	4,81
5	780	1.000	6,41
10	1.560	1.500	9,62
20	3.120	2.000	12,82
30	4.680	3.000	19,23
40	6.240	4.000	25,64
50	7.800	5.000	32,05
60	9.360	6.000	38,46
70	10.920	7.500	48,08
80	12.480	10.000	64,10
90	14.041	12.500	80,13
100	15.601	15.000	96,15
200	31.201	25.000	160,25
300	46.802	40.000	256,40
500	78.003	50.000	320,50
750	117.005	75.000	480,75
1.000	156.006	100.000	641,00

Bei Scheckzahlung/Automatenabhebung am Urlaubsort berechnet die Heimatbank die obenstehenden Kurse.
Stand: November 1996

Sprechen und Verstehen ganz einfach

Zur Erleichterung der Aussprache sind alle griechischen Wörter mit einer einfachen Aussprache (in der mittleren Spalte) versehen. Folgende Zeichen sind Sonderzeichen:

'	die nachfolgende Silbe wird betont
∂	wie englisches »th« in »the«, mit der Zungenspitze hinter den Zähnen
θ	wie englisches »th« in »think«, mit der Zungenspitze zwischen den Zähnen

AUF EINEN BLICK

Ja.	nä.	Ναι.
Nein.	'ochi.	'Οχι.
Vielleicht.	'issos.	'Ισως.
Bitte.	paraka 'lo.	Παρακαλώ.
Danke.	äfchari'sto.	Ευχαριστώ.
Entschuldigung!	si'gnomi!	Συγνώμη!
Wie bitte?	o'ristä?	Ορίστε;
Ich verstehe Sie nicht.	∂ä sass katala'wäno.	Δε σας καταλαβαίνω.
Bitte, wiederholen Sie es.	na to ksana'pite, paraka'lo.	Νά το ξαναπείτε, παρακαλώ.
Ich spreche nur wenig ...	mi'lo 'mono liga ...	Μιλώ μόνο λίγα ...
Können Sie mir bitte helfen?	bo'ritä na mä woi'θisätä paraka'lo?	Μπορείτε να με βοηθήσετε, παρακαλώ;
Ich möchte ...	'θälo ...	θέλω ...
Das gefällt mir nicht.	af'to ∂än mu a'rässi.	Αυτό δεν μου αρέσει.
Haben Sie ...?	'ächätä ...	'Εχετε ...;
Wieviel kostet es?	'posso ko'stisi?	Πόσο κοστίζει;
Wieviel Uhr ist es?	ti 'ora 'inä?	Τι ώρα είναι;
Heute	'simära	Σήμερα
Morgen	'awrio	Αύριο

KENNENLERNEN

Guten Morgen!	kali'mära!	Καλημέρα!
Guten Tag!	kali'mära!/'chärätä!	Καλημέρα/Χαίρετε!
Guten Abend!	kali'spära!	Καλησπέρα!
Hallo! Grüß dich!	'jassu!	Γειά σου!
Wie geht es Ihnen/dir?	'poss 'istä?/'issä?	Πώς είστε;/είσαι
Danke.	äfchari'sto.	Ευχαριστώ.
Und Ihnen/dir?	äs'sis/äs'si?	Εσείς/εσύ;
Auf Wiedersehen!	a'dio!	Αντίο!
Tschüs!	'jassu!	Γειά σου!

Auskunft

links/rechts	aristä'ra/ðäks'ja	Αριστερά/Δεξιά
geradeaus	ef'θia	Ευθεία
nah/weit	ko'nda/maykri'a	Κοντά/Μακριά
Wie weit ist es zum/zur …?	'posso ma'kria 'inä ja …?	Πόσο μακριά είναι για …;
Ich möchte … mieten.	'θälo na ni'kjasso …	Θέλω να νοικιάσω …
… ein Auto	'äna afto 'kinito	ένα αυτοκίνητο
… ein Fahrrad	'äna po'ðilato	ένα ποδήλατο
… ein Boot	'mia 'warka	μια βάρκα
Bitte, wo ist …?	paraka'lo, 'pu 'inä …?	Παρακαλώ, πού είναι …;

Panne

Ich habe eine Panne.	'äpaθa zim'ja.	Έπαθα ζημειά
Würden Sie mir bitte einen Abschleppwagen schicken?	θa bo'russatä na mu 'stilätä 'äna 'ochima ri'mulkissis?	Θα μπορούσατε να μου στείλετε ένα όχημα ρυμούλκησης;
Wo ist hier in der Nähe eine Werkstatt?	'pu i'parchi ä'ðo kon'da 'äna sinär'jio?	Πού υπάρχει εδώ κοντά ένα συνεργείο;

Tankstelle

Wo ist bitte die nächste Tankstelle?	'pu 'inä, sass paraka'lo, to e'pomäno wensi-'naðiko?	Πού είναι, σας παρακαλώ, το επόμενο βενζινάδικο;
Ich möchte … Liter …	'θälo … 'litra …	Θέλω … λίτρα …
… Normalbenzin.	ap'li wän'sini.	… απλή βενζίνη.
… Super./Diesel.	'supär./'disäl.	… Σούπερ./Ντήζελ.
… bleifrei/verbleit.	a'moliwði/mä'moliwðo.	… αμόλυβδη/με μόλυβδο.
… mit … Oktan.	mä … o'ktanja.	με … οκτάνια.
Volltanken, bitte.	jä'mistä, paraka'lo.	Γεμίστε, παρακαλώ.
Prüfen Sie bitte den Ölstand.	äksä'tastä, paraka'lo ti 'staθmi tu lað'ju.	Εξετάστε, παρακαλώ τη στάθμη του λαδιού.

Unfall

Hilfe!	wo'iθja!	Βοήθεια!
Achtung!/Vorsicht!	prosso'chi!	προσοχή!
Rufen Sie bitte schnell …	ka'lästä, paraka'lo, 'grigora …	Καλέστε, παρακαλώ, γρήγορα …
… einen Krankenwagen.	'äna asθäno'foro.	… ένα ασθενοφόρο.
… die Polizei.	tin astino'mia.	… την αστυνομία.
… die Feuerwehr.	tim piroswästi'ki ipirä'sia.	… την πυροσβεστική υπηρεσία.
Geben Sie mir bitte Ihren Namen und Ihre Anschrift.	'pästä mu paraka'lo to 'onoma kä ti ðiäfθin'si sass.	Πέστε μου παρακαλώ το όνομα και τη διεύθυνσή σας.

ESSEN/UNTERHALTUNG

Wo gibt es hier …	pu i'parchi a'ðo	Πού υπάρχει εδώ …
… ein gutes Restaurant?	'äna ka'lo ästia'torio?	… ένα καλό εστιατόριο;
Gibt es hier eine gemütliche Taverne?	i'parchi a'ðo ta'wärna mä 'anäti at'mosfära?	Υπάρχει εδώ ταβέρνα με ανετη ατμόσφαιρα;
Reservieren Sie uns bitte für heute abend einen Tisch für 4 Personen.	kra'tistä mas paraka'lo ja 'simera to'wraði 'äna tra'päsi ja 'tässära 'atoma.	Κρατήστε μας παρακαλώ για σήμερα το βράδυ ένα τραπέζι για 4 άτομα.
Bezahlen, bitte.	paraka'lo, na pli'rosso.	Παρακαλώ, να πληρώσω.
Das Essen war ausgezeichnet.	to faji'to 'itan äksäräti'ko.	Το φαγητό ήταν εξαιρετικό.
Messer	ma'chäri	Μαχαίρι
Gabel	pi'runi	Πηρούνι
Löffel	ku'tali	Κουτάλι
Teelöffel	kuta'lakki	Κουταλάκι

EINKAUFEN

Wo finde ich …?	pu θa wro …?	Πού θα βρω …;
Apotheke	to farma'kio	το φαρμακείο
Bäckerei	to artopo'lio	το αρτοπωλείο
Fotoartikel	ta fotografi'ka 'iði	τα φωτογραφικά είδη
Kaufhaus	to polika'tastima	το πολυκατάστημα
Lebensmittelgeschäft	to ka'tastima tro'fimon	το κατάστημα τροφίμων
Markt	i ajo'ra	η αγορά

ÜBERNACHTUNG

Können Sie mir bitte … empfehlen?	bo'ritä paraka'lo na mu si'stissätä	Μπορείτε παρακαλώ να μου συστήσετε …
… ein Hotel	'äna ksänoðo'chio?	… ένα ξενοδοχείο;
… eine Pension	'mia pan'sjon?	… μια πανσιόν;
Ich habe bei Ihnen ein Zimmer reserviert.	'äðo sä sas 'äklissa 'äna ðo'matjo.	Εδώ σε σας έκλεισα ένα δωμάτιο.
Haben Sie noch Zimmer frei?	'ächätä a'kommi ðo'matja ä'läfθära?	Έχετε ακόμη δωμάτια ελεύθερα;
… für eine Nacht	ja mja 'nichta	… για μια νύχτα
… für zwei Tage	ja 'ðio 'märäs	… για δυο μέρές
… für eine Woche	ja mja wðo'maða	… για μια βδομάδα
Was kostet das Zimmer mit …	'posso ko'stisi to ðo'matjo mä	Πόσο κοστίζει το δωμάτιο με …
… Frühstück?	proi'no?	… πρωινό;
… Halbpension?	'mäna 'jäwma?	… μ'ένα γεύμα;

Arzt

Können Sie mir einen guten Arzt empfehlen?	bo'rita na mu siss'tissätä 'änan ka'lo ja'tro?	Μπορείτε να μου συστήσετε έναν καλό γιατρό;
Ich habe hier Schmerzen.	ä'ðo 'ächo 'ponnus.	Εδώ έχω πόνους.

Bank

Wo ist hier bitte …	'pu 'inä ä'ðo paraka'lo …	Πού είναι εδώ παρακαλώ …
… eine Bank?	mja 'trapäsa?	… μια τράπεζα;
… eine Wechsel-stube?	äna gra'fio sina'lagmatos?	… ενα γραφείο συναλλάγματος;
Ich möchte … DM (Schilling, Schweizer Franken) in Drach-men wechseln.	'ðälo na a'lakso … järmani'ka 'marka (sä'linia, älwäti'ka 'franga) sä ðrach'mäs.	Θέλω να αλλάξω … γερμανικά μάρκα (σελίνια, ελβετικά φράγκα) σε δραχμές.

Post

Was kostet …	'posso ko'stisi …	Πόσο κοστίζει …
… ein Brief …	'äna 'gramma	… ένα γράμμα
… eine Postkarte …	mja 'karta	… μια κάρτα …
… nach Deutschland? Österreich/Schweiz	ja ti järma'nia? Afs'tria/Elwe'tia	… για τη Γερμανία; Αυστρία/Ελβετία

Zahlen

0	mi'ðän	μηδέν		20	'ikossi	είκοσι
1	'äna	ένα		21	'ikossi 'äna	είκοσι ένα
2	'ðio	δύο		22	'ikossi'ðio	είκοσι δύο
3	'tria	τρία		30	tri'anda	τριάντα
4	'tässära	τέσσερα		40	sa'randa	σαράντα
5	'pändä	πέντε		50	pä'ninda	πενήντα
6	'äksi	έξι		60	ä'ksinda	εξήντα
7	ä'fta	εφτά		70	äwðo'minda	εβδομήντα
8	o'chto	οχτώ		80	og'ðonda	ογδόντα
9	ä'näa	εννέα		90	änä'ninda	ενενήντα
10	'ðäka	δέκα		100	äka'to	εκατό
11	'ändäka	έντεκα		200	ðia'kosja	διακόσια
12	'ðoðäka	δώδεκα		1000	'chilia	χίλια
13	ðäka'tria	δεκατρία		2000	'ðio chi'ljaðäs	δύο χιλιάδες
14	ðäka'tässära	δεκατέσσερα		10000	'ðäka chi'ljaðäs	δέκα χιλιάδες
15	ðäka'pändä	δεκαπέντε				
16	ðäka'äksi	δεκαέξι		1/2	to 'äna 'ðäftäro	(το) ένα δεύτερο
17	ðäkaä'fta	δεκαεφτά				
18	ðäkao'chto	δεκαοχτώ		1/4	to 'äna 'tätarto	(το) ένα τέταρτο
19	ðäkaä'näa	δεκαεννέα				

Κατάλογος φαγητῶν
Speisekarte

Πρωϊνό — FRÜHSTÜCK

Griechisch	Lautschrift	Deutsch
Καφέ σκέτο	ka'fä 'skäto	ungesüßter Kaffee
Καφέ με γάλα	ka'fä mä 'jala	Kaffee mit Milch
Τσάι με λεμόνι	'tsai mä lä'moni	Tee mit Zitrone
Τσάι από βότανα	'tsai a'po 'wotana	Kräutertee
Σοκολάτα	soko'lata	Schokolade
Χυμό φρούτου	chi'mo 'frutu	Fruchtsaft
Αυγό μελάτο	aw'jo mä'lato	weiches Ei
Ομελέτα	omä'lätta	Omelette
Αυγά μάτια	aw'ja 'matja	Spiegeleier
Αυγά με μπέηκον	aw'ja mä 'bäikon	Eier mit Speck
Ψωμί/ψωμάκι/τοστ	pso'mi/pso'maki/'tost	Brot/Brötchen/Toast
Κρουασάν	kruas'san	Hörnchen
Φρυγανιές	frigan'jäs	Zwieback
Βούτυρο	'wutiro	Butter
Τυρί	ti'ri	Käse
Λουκάνικο	lu'kaniko	Wurst
Ζαμπόν	sam'bon	Schinken
Μέλι	'mäli	Honig
Μαρμελάδα	marmä'laða	Marmelade
Γιαούρτι	ja'urti	Joghurt
… με καρύδια	mä ka'riðja	… mit Walnüssen
Φρούτα	'fruta	Obst

Ορεκτικά/Σούπες — VORSPEISEN/SUPPEN

Griechisch	Lautschrift	Deutsch
Ελιές	ä'ljäs	Oliven
Φέτα	'fäta	Scheibe Ziegenkäse
Μελιτζάνα σαλάτα	mäli'dsana sa'lata	Auberginensalat
Ντολμαδάκια	dolma'ðakja	Gefüllte Weinblätter (kalt)
Γίγαντες	'jigandäs	Pferdebohnen
Γαρίδες	ga'ridäs	Krabben
Τυρόπιτα	ti'ropitta	Käsetasche
Σαγανάκι	saga'naki	Gebratene Käsescheiben
Κοτόσουπα	kot'tosupa	Hühnersuppe
ψαρόσουπα	psa'rosupa	Fischsuppe
Ταραμοσαλάτα	taramosa'lata	Fischeiersalat
Ζωμός κρέατος	so'mos 'kräatos	Kraftbrühe
Τοματόσουπα	toma'tosupa	Tomatensuppe
Λαχανόσουπα	lacha'nosupa	Gemüsesuppe
Μαγειρίτσα	maji'ritsa	Ostersuppe

Σαλάτες		SALATE
Σκορδαλιά	skorðal'ja	Kartoffel-Knoblauch-Püree
Τομάτα	to'mata	Tomate
Αγγουράκια	angu'rakja	Gurken
Χωριάτικη	chor'jatiki	Bauernsalat
Μαρούλισαλάτα	ma'ruli sa'lata	Römersalat
Τζατζίκι	dsa'dsiki	Cremiges Joghurt mit geriebenen Gurken und Knoblauch
Λαχανοσαλάτα	lachanosa'lata	Krautsalat
Πατατοσαλάτα	patatosa'lata	Kartoffelsalat
Άγρια Χόρτα	'agria 'chorta	Unkrautsalat (Löwenzahn, Huflattich und Brennessel)

Ψάρια		FISCHGERICHTE
Αστακός λαδολέμονο	asta'kos laðo'lämono	Hummer mit Öl- und Zitronensoße
Γαρίδες	ga'riðes	Krabben
Χταπόδι	Chta'poði	Krake
Μπαρμπούνια σχάρας	bar'bunia 'ßcharas	Rotbarben gegrillt
Γλώσσα τηγανητά	'glossa tijani'ta	Seezunge gebraten
Μύδια	'miðia	Muscheln
Καλαμαράκια τηγανητά	kalama'rakja tigani'ta	Tintenfische gebraten
Μπακαλιάρος φουρνου	baka'ljaros 'furnu	Stockfisch im Backofen
Πέστροφα	'pästroffa	Forelle
Σολομός	solo'mos	Lachs
Κακαβιά	kakaw'ja	Bouillabaisse
Καραβίδες	kara'wiðes	große Scampi
Χριστόψαρο	chris'topsaro	Petersfisch
Σκουμπρί	skum'bri	Makrele
Κολοιός	kol'jos	Makrele
Τσιπούρα	tsi'pura	Dorade
Φαγκρι	fan'gri	Zahnbrasse
Τόνος	'tonnos	Thunfisch
Ξνφίας	ksi'fias	Schwertfisch

Πουλερικά και άγρια		GEFLÜGEL UND WILD
Κότα μέ σούπα αυγολέμονο	'kota mä 'supa awgo'lämono	Huhn in Zitronensuppe
Κοτόπουλο ψητό	ko'topulo psi'to	Brathuhn
Γαλοπούλα ψητή	galo'pula psi'ti	Truthahn gebraten
Κουνέλι	ku'näli	Kaninchen

Φαγητά μέ κρέας — FLEISCHGERICHTE

Μπόν φιλέ	bon fi'lä	Lendenfilet
Παϊδάκια αρνίσια	pai'ðakja ar'nisia	Lammkotelett
Μπριζόλες χοιρινές	bri'soläs chiri'näs	Schweinekotelett
Σουτζουκάκια	sudsu'kakja	Würstchen
Σουβλάκι	su'wlaki	Fleischspieß
Σουβλάκια	su'wlakja	Kleine Fleischspieße
Μπιφτέκι	bi'ftäki	Gehacktes vom Grill
Αρνί ψητό	ar'ni psi'to	Lammbraten
Αρνί στό φούρνο	ar'ni sto 'furno	Lammfleisch im Backofen
Μοσχάρι κοκκινιστό	mos'chari kokkini'sto	Kalbfleisch gedämpft
Μοσχάρι ψητό	mos'chari psi'to	Kalbsbraten
Μιξτ Γκριλλ	'mikst 'gril	Gemischtes vom Grill
Γουρουνόπουλο	guru'nopulo	Spanferkel gebraten
Γύρος	'jiros	Diverse Fleischsorten am senkrechten Drehspieß
Βοδινό φιλέτο ψητό	woði'no fi'läto psi'to	Rinderfilet
Κατσίκι	kat'siki	Zicklein

Λαχανικά — GEMÜSEGERICHTE

Ντολμάδες	dol'maðäs	Gefüllte Weinblätter (warm)
λάχανο	'lachano	Weißkohl
Αγκινάρες	angi'naräs	Artischocken
Μελιτζάνες γεμιστές	mäli'dsanäs jämi'stäs	Gefüllte Auberginen
Τομάτες γεμιστές	to'matäs jämi'stäs	Gefüllte Tomaten
Πιπεριές γεμιστές	pipä'rjäs jämi'stäs	Gefüllte Paprikaschoten
Τουρλού	tur'lu	Bunter Gemüseeintopf
Φασολάκια	faso'lakja	Grüne Bohnen
Μουσακάς	mussa'kas	Auberginen-Fleisch-Auflauf
Μπάμιες	'bamjäs	Okras
Πιπεριές τηγανητές	pipä'rjäs tigani'täs	Paprika gebraten
Παστίτσιο	pa'stitsjo	Nudelauflauf mit Fleischfüllung
Κολοκυθάκια	koloki'θakja	Zucchini
Φασόλια	fas'solja	Weiße Bohnen
Πατάτες τηγανητές	pa'tatäs tigani'täs	Pommes frites
Σπανακόρυζο	spana'koriso	Spinat mit Reis

Επιδόρπια		**NACHSPEISEN**
Μπακλαβάς	bakla'was	Blätterteig in Sirup mit Nußfüllung
Κρέμα	'kräma	Griespudding
Ρυζόγαλο	ri'sogalo	Reispudding
Σταφύλια	sta'filia	Trauben
Καρπούζι	kar'pusi	Wassermelone
Πεπόνι	pä'poni	Honigmelone
Ροδάκινα	ro'ðakina	Pfirsiche
Μήλο	'milo	Apfel
Αχλάδι	ach 'laði	Birne
Μούσμουλα	'mussmulla	Mispeln

Ποτά
Getränke

Λλκοολλούχα ποτά		**ALKOHOLISCHE GETRÄNKE**
Ούζο	'uso	Anisschnaps
Άσπρο κρασί	'aspro kras'si	Weißwein
Κόκκινο κρασί	'kokkino kra'si	Rotwein
Χύμα	'chima	Wein vom Faß
Ξερό	kse'ro	trocken
Ημίγλυκο	i'miglikko	halbtrocken
Ρετσίνα	rä'tsina	Geharzter Weißwein
Κονιάκ	kon'jak	Weinbrand
Τσίπουρο	'tsippuro	Tresterschnaps
Μπύρα	'bira	Bier

Μη αλκοολούχα ποτά		**ALKOHOLFREIE GETRÄNKE**
Φραππέ	frap 'pä	Kalter Kaffee
Ελληνικός καφές	älini'kos ka'fäs	Griechischer Mokka
Τσάι	tsai	Tee
Πορτοκαλάδα	portoka'laða	Orangeade
Λεμονάδα	lämo'naða	Limonade
Μέταλλικό νερό	mättali'ko nä'ro	Mineralwasser